AGÊNCIA DE COMUNICAÇÃO

Gestão, desafios e oportunidades

4ª edição revista, atualizada e ampliada

Dados Internacionais de Catalogação na Publicação (CIP)
(Câmara Brasileira do Livro, SP, Brasil)

Schmitz, Aldo Antonio
Agência de comunicação: gestão, desafios e oportunidades / Aldo Antonio Schmitz. - 3. ed. - Florianópolis : Combook, 2013.

Bibliografia
ISBN 978-85-909841-1-5

1. Administração de empresas 2. Comunicação nas organizações 3. Comunicação organizacional
4. Empreendedorismo I. Título

09-0988 CDD-658.4506

Índice para catálogo sistemático:

1. Agência de comunicação : Administração de empresas 658.4506

EDITORA DA COMUNICAÇÃO
Rua Luiz Elias Daux, 1140 – Ingleses—88058-512 Florianópolis, SC
(48) 99164-2497 – combook.com.br

Sumário

Introdução

A vida é aquilo que acontece
enquanto fazemos planos.
John Lennon

Foi-se a fase romântica da agência sem visão empresarial e avesso aos números. O que antes era apenas assessoria, agora figura como comunicação, exigindo das agências uma gestão profissional e empresarial.

Isso requer inteligência estratégica, onde as várias competências, oriundas das ciências sociais aplicadas, como relações públicas, jornalismo, publicidade, marketing digital, administração e dos mais variados campos do conhecimento se juntam em equipes multidisciplinares.

As agências, a par do aprimoramento dos serviços, buscam uma cultura empresarial, em que empreendedores da comunicação se voltam para uma visão do negócio, posicionamento estratégico, economia criativa, geração de emprego e renda etc.

E para administrar este novo modelo de agência não basta ser um bom assessor de imprensa, um relações públicas habilidoso, um publicitário criativo, um profissional de marketing estrategista ou um administrador organizado.

Nem tampouco entender só de contas a pagar, recebimentos, prazos a cumprir, saldo devedor, fluxo de caixa, receitas e despesas.

É preciso somar competências, saber transitar na área da comunicação e entender os processos administrativos, sendo capaz de motivar as pessoas para obter os resultados desejados.

Afinal, o principal composto de uma agência é o talento humano, a capacidade profissional de encantar. Por isso a importância de atrair, formar e reter profissionais criativos, inovadores e capazes de antecipar tendências comunicacionais.

Mas não basta ter um time de "craques". Vale lembrar algumas seleções brasileiras de futebol favoritas, compostas por fenômenos da bola, mas que perderam várias Copas do Mundo.

Aí entra em campo a capacidade do administrador – como um técnico de futebol – de motivar, planejar estratégias de "ataque" e "defesa", organizar as "jogadas", comandar o "time", coordenar de forma sincronizada e integrada o "jogo" e controlar o desempenho de cada "jogador", promovendo inclusive "substituições" táticas para vencer.

Enfim, é preciso habilidade sistêmica: a capacidade de visualizar e praticar um sistema integrado de trabalho; perceber o mercado de forma diferenciada, ver o que os outros não percebem.

Afinal, a fluidez dos relacionamentos, a abundância de informações, a comunicação de via dupla nas mídias digitais, a inserção do Brasil na economia mundial e outras perspectivas aceleram práticas de gestão e comunicação alinhadas às estratégias globais com os saberes locais.

As oportunidades para as agências são enormes em um mercado em crescimento, pois as organizações passam a atuar em um cenário complexo e competitivo, em que os *stakeholders* deixaram de ser meros receptores e passaram a ser também emissores.

Este livro trata destas questões.

Empreendedorismo na comunicação

Empreendedor é alguém capaz de identificar,
agarrar e aproveitar as oportunidades.
Jeffrey Timmons

A maioria dos brasileiros, aí incluídos os profissionais de comunicação, sonha em ter o seu próprio negócio, seja por necessidade ou oportunidade.

Pesquisa do Sebrae (2011) mostra que o Brasil é o terceiro país mais empreendedor do mundo e estudo do Global Entrepreneurship Monitor (GEM, 2011) em 37 países, também coloca o Brasil entre os primeiros, considerando o brasileiro um empreendedor nato.

Ainda, segundo estudo do Sebrae-SP (2010), a taxa de sobrevivência das microempresas brasileiras de serviços com até 2 anos é 72%. Já entre as que contam com um plano de negócios, o índice de fechamento cai para 8%.

Isto demonstra que administrar uma empresa decorre de identificar oportunidades, dispor de recursos e, assim transformá-la em uma atividade rentável. O sucesso também depende de um estudo de mercado, estabelecimento de metas e objetivos, conhecimentos de gestão, enfim, de um planejamento criterioso de médio e longo prazos.

Assim como os demais iniciantes no mundo dos negócios, os profissionais de comunicação geralmente dispensam este rito de passagem e engrossam o índice de mortalidade empresarial.

Mais da metade das agências é formada por um a dez integrantes, 55% segundo a Mega Brasil (2013). Em todos os portes, geralmente os sócios são profissionais de comunicação.

Mesmo naquelas consideradas médias e grandes, que comportam a figura do administrador, o sócio com formação em comunicação precisa entender e participar dos processos administrativos.

Independentemente do tamanho, qualquer agência necessita do empreendedor e da gestão do negócio. Embora administrar pareça uma "chatice" para alguns, trata-se de um requisito indispensável. Portanto, administrar exige força de vontade, intuição e, principalmente, competência para a administração.

Afinal, o que é administrar uma agência de comunicação? Basicamente, é criar, manter e fazer crescer um negócio de forma planejada e organizada. Enfim, trata-se de uma equação da intuição com trabalho e objetivos claros, somados à criatividade e voltados para os resultados dos clientes.

Mais que a formação, é preciso ter bom senso, reunir informações e buscar capacitação para gerir com competência seu negócio. Administrar não é uma tarefa simples, principalmente sob a visão de planejamento e crescimento.

A busca da autorrealização e independência profissional passa pela satisfação financeira, assumindo riscos e desafios. Para se tornar um empreendedor de sucesso, é preciso reunir imaginação, determinação, habilidade de organizar, liderar pessoas e de conhecer tecnicamente etapas e processos.

A viabilidade de um negócio está estruturada, basicamente, na figura do empreendedor, pois ele é o ponto central que determina ou não o sucesso do empreendimento.

Geralmente, numa pequena agência, cabem ao profissional de comunicação as funções da organização, como comprar, planejar, administrar e prestar os serviços. O empreendedor toma as decisões e elas influenciam no andamento dos negócios.

Empreendedor é alguém persistente, que percebe e explora oportunidades e propõe novas ideias, seguidas pela ação. Há muitas definições de empreendedorismo. De forma genérica, empreender é um processo de iniciar e desenvolver novos negócios.

Por isso, o empreendedorismo relaciona-se à criação de novos negócios e também à inovação promovida dentro de empresas já estabelecidas, o intraempreendedorismo. Muitos pensadores definiram bem o que é empreendedorismo.

O guru da Administração, Peter Drucker (2001), aborda uma visão prática, de mercado e evolução: "O trabalho específico do empreendedorismo numa empresa é fazer o negócio de hoje capaz de chegar ao futuro, transformando-se em um negócio diferente". E acrescenta que "empreendedorismo não é nem ciência, nem arte. É uma prática".

O economista canadense Pierre-Andre Julien (1986) complementa: "empreendedor é aquele que não perde a capacidade de imaginar, tem uma grande confiança em si mesmo, é entusiasta, tenaz, ama resolver problemas, ama dirigir, combate a rotina e evita constrangimentos".

Enfim, empreender é criar, construir algo de valor a partir de praticamente nada, aproveitando uma oportunidade e perseguindo metas e objetivos, mesmo com recursos limitados.

Pode-se ser um empreendedor em qualquer negócio, independentemente de ser empresário ou não. Mas administrar uma loja, uma fábrica e uma agência de comunicação segue o mesmo padrão? Os princípios são idênticos, mas uma agência tem seus diferenciais.

Características do empreendedor

O que faz um bom empreendedor? Quais são as suas principais características? Ser um empresário requer garra, força de vontade e estudo, não apenas na escola, mas um aprendizado contínuo sobre si, a empresa e o mercado.

Embora se acredite que muitos empresários "se fizeram do nada", eles reúnem qualidades que indicam o sucesso. Se analisarmos as suas histórias, certamente descobriremos um conjunto de habilidades pessoais e profissionais que foram forjadas e constantemente aperfeiçoadas. Outra característica comum a todos é o fato de que colocaram as suas ideias em prática e correram riscos.

Conforme o Sebrae (2011), são muitas as habilidades que fazem um empreendedor bem-sucedido, independente da empresa que gerencie ou onde atue.

A seguir as principais características de um empreendedor. Evidentemente, ninguém reúne todas elas em perfeito equilíbrio. Frequentemente será necessário desenvolver alguns aspectos ou, até mesmo, fazer uma sociedade com alguém que tenha características complementares.

Buscar de oportunidade e ter iniciativa

"Cavalo encilhado não passa duas vezes", diz o ditado popular. É preciso perceber as oportunidades e tomar a decisão certa.

Isto é, ter a capacidade para agir de maneira oportuna e adequada sobre a realidade, apresentando soluções, influenciando acontecimentos e se antecipando às situações.

Significa fazer as coisas antes de solicitado, ou ainda, antes de ser forçado a fazer pelas circunstâncias.

Persistência

Todo negócio tem momentos difíceis, por isso é importante se manter firme e constante em seus propósitos.

Deve-se buscar a superação, mas sem perder a objetividade e a clareza frente as situações.

Jamais confundir persistência com teimosia.

Motivado e comprometido

Geralmente o empreendedor faz sacrifícios pessoais ou se esmera em completar uma tarefa, para manter clientes satisfeitos, pensando no longo prazo.

Às vezes, um esforço extra é necessário para garantir o cliente.

Também busca a realização pessoal pela automotivação, entusiasmo e independência.

Qualidade e eficiência

A exigência de qualidade e eficiência é um importante diferencial na prestação de serviços.

Significa encontrar maneiras de fazer melhor, rápido e mais barato.

Agir para satisfazer, encantar e até exceder os padrões de excelência.

Isto é, fazer o que é mais econômico para o cliente e não o mais fácil para nós.

Qualidade é um processo contínuo de melhoria. O melhor de hoje talvez não seja o ideal amanhã.

Correr riscos calculados

Esta, talvez seja a principal característica exigida de um empreendedor.

Ser ousado é muito importante. No entanto, é fundamental calcular esses riscos para saber onde, como e quando se deve arriscar.

Aprender a correr riscos calculados significa avaliar as alternativas, prever e controlar os resultados.

Estabelecer metas e objetivos

As metas devem ser específicas, bem definidas, mensuráveis e capazes de estabelecer uma conquista, que seja possível alcançar.

Mas as metas e objetivos precisam ser desafiantes e com um significado pessoal, profissional e para o negócio.

As metas são resultados desejados, quantificáveis, medidos através de indicadores claros. Nunca é algo vago, impreciso .

Buscar informações

O empreendedor deve dedicar-se pessoalmente na busca de informações do mercado, clientes, fornecedores e concorrentes.

Ele é um curioso e está constantemente querendo saber mais e mais.

Entidades, como o Sebrae e a Abracom, dispõem de publicações e serviços que podem ajudar na busca de informações.

Planejamento e revisão dos planos

O planejamento trata da capacidade para mapear o mercado, analisar os recursos e as condições, a partir de uma visão de longo prazo.

Planejar não é adivinhar o futuro, mas traçar rumos para atingir certos objetivos.

O planejamento precisa ser visto e revisto constantemente.

Persuasão e rede de contatos

A persuasão refere-se às habilidades de conviver, interagir e apresentar as suas ideias e argumentos de maneira convincente.

Por isso, torna-se importante criar e manter uma rede de relacionamentos, formada por clientes, colaboradores, fornecedores, técnicos, especialistas e inclusive concorrentes.

Independência e autoconfiança

Buscar autonomia, caminhar com as próprias pernas, mantendo o seu ponto de vista, mesmo diante de resultados adversos é mais uma característica do empreendedor.

É importante ter consciência do seu valor, sentir-se seguro em relação a si mesmo, agindo com firmeza e tranquilidade.

Oportunidades no mercado

Meu interesse está no futuro, pois é lá
que vou passar o resto da minha vida.
Charles Kettering

Segundo estudo do Sebrae-SP (2010), de cada dez empresas que abrem em São Paulo, duas são por necessidade, enquanto o ideal seria o empreendimento por oportunidade (78%).

A implementação de uma agência requer uma gestão em consonância com o planejamento estratégico: a missão, visão, valores, mercado, objetivos e metas da organização.

Pesquisa da Databerje (2008) mostra que 60% das organizações percebem a comunicação como estratégica. No entanto, 37% consideram uma área de apoio e 3%, um suporte técnico. Ainda, 75% apontam que a comunicação tem impacto direto na sua imagem e reputação.

Este novo ambiente representa uma oportunidade ímpar para a comunicação, aliás, o nirvana para aquelas agências que têm a missão de tornar as organizações amadas pelos públicos e admiradas pela sociedade.

Abre-se, portanto, espaço para as agências que assumem uma função estratégica, de mediadoras e articuladoras dos relacionamentos. Enfim, representa um adeus à "assessoria" e um olá à "gestão" da comunicação.

O que é essa tal de comunicação

Comunicação empresarial, corporativa, organizacional e institucional são denominações usadas indistintamente para designar o serviço de assessoria ou gestão da comunicação para organizações e personalidades. Para facilitar, geralmente usaremos a denominação "comunicação", simplesmente.

Igualmente evitaremos a expressão "assessoria", pois remete a algo "acessório", de apoio e operacional, o que confronta com a tendência clara de uma gestão estratégica da comunicação.

Primeiro, é preciso saber do que se trata o campo de atuação de uma agência de comunicação. A Embrapa (2002) adotou, em sua política de comunicação, um excelente conceito:

A comunicação consiste num processo de gerenciamento que integra todas as atividades orientadas para o relacionamento entre uma organização e os ambientes interno e externo. Sua responsabilidade fundamental é criar e manter fluxos de informação e influência recíproca entre a organização, seus públicos de interesse e a sociedade em geral.

Margarida Krohling Kunsch (2008, p. 113) conceitua como um processo de comunicação entre a organização e seus diversos públicos, "isto é, a opinião pública e a sociedade, por meio da comunicação administrativa, comunicação interna, comunicação institucional e a comunicação mercadológica". Todo esse conjunto forma um *mix*, que a autora denomina de comunicação organizacional integrada.

Gaudêncio Torquato (2010) define:

> *A comunicação abrange o espectro de atividade de imprensa, relações públicas (empresariais e governamentais), publicidade institucional, editoração, identidade visual e programas relacionados à captação, armazenamento, manipulação e disseminação de informações. Enfim, objetiva assegurar fluxos regulares de informação entre a organização e seus públicos.*

Ao denominar "comunicação institucional" não se tem o propósito de restringir a comunicação às instituições públicas e do terceiro setor, mas "institucional" no sentido de promover a imagem e reputação de uma organização (pública ou privada, do terceiro setor ou grupo social) ou de uma pessoa perante seus públicos e a opinião pública, porém sem objetivo direto de venda de produtos e serviços ou lucro imediato.

A seguir, a tentativa de nossa concepção, na perspectiva de uma especialidade voltada para organizações e pessoas:

> *A comunicação busca fortalecer a imagem e a reputação de organizações e pessoas no relacionamento com a diversidade de seus públicos e a opinião pública. Trata-se de uma especialidade que requer conhecimentos e práticas complexas, aplicadas de forma constante, integrada e estratégica.*

Denominar "comunicação empresarial" é confinar a comunicação às empresas. No entanto, ela ocorre nos mais variados tipos de organizações: instituições públicas, indústrias, comércio, empresas de serviços, entidades de classe, grupos sociais, organizações civis e não governamentais.

Chamar de "comunicação organizacional" apenas, seria excluir as personalidades e pessoas, ou seja, pessoas notáveis, eminentes e importantes, como políticos, esportistas, profissionais liberais, artistas e escritores que se utilizam desse campo da comunicação.

Este processo demanda uma complexidade de saberes e práticas no uso de ferramentas interdisciplinares do jornalismo, relações públicas, publicidade (e não propaganda), administração, antropologia e outros.

Embora tenha maior afinidade com relações públicas, a comunicação diferencia-se notadamente nos processos e fundamentos do jornalismo e utiliza ferramentas da publicidade institucional, obviamente, excluindo-se a propaganda.

Enfim, essa comunicação se caracteriza pela interação, diálogo e fluxo regular de informação, através de ações integradas (atividades articuladas e interação entre as diversas áreas) e estratégicas (não apenas de apoio, operacional, assessoria) nos seus relacionamentos.

Todo esse esforço conjugado tem por objetivo criar e fortalecer uma imagem positiva e a reputação da organização, grupo social ou pessoa diante dos seus públicos: empregados, investidores, clientes, parceiros, fornecedores, concorrentes, governos, instituições (chamados de *stakeholders*) e a sociedade em geral. No caso de uma personalidade ou pessoa de destaque social, seu público é mais específico: admiradores (fãs), eleitores, torcedores, leitores, alunos, clientes etc.

Desafios

O mercado de agência enfrenta alguns desafios e mitos, a exemplo da comunicação estratégica e integrada, capacitação para os múltiplos serviços, mensuração de resultados, entre outros.

Um dos principais é a comunicação estratégica. A tática (processo operacional) ainda se sobrepõe à estratégia no trabalho de comunicação. O discurso não consegue superar a prática.

As agências e profissionais de comunicação têm grandes dificuldades para lidar com o pensamento estratégico, até mesmo por falta de formação. Ainda trabalham "para" e não "com" o cliente. Seria estratégica se a comunicação estivesse umbilicalmente associada ao planejamento estratégico, defendida por todos da organização.

Outro paradigma é a comunicação integrada, um ideal almejado e muito propalado pelas agências, levando muitas delas a se autodenominar "agência de comunicação integrada".

Comunicação integrada não é "fazer qualquer negócio", lembra Wilson Bueno (2009), "significa não apenas que as atividades de comunicação estão articuladas, mas que elas se integram ao processo de gestão, de planejamento, de marketing e que obedecem a uma política e diretrizes comuns".

Atuar integradamente exige atividades solidárias e empatia: estar junto, partilhar. A comunicação integrada tem que ser para valer. O desafio de unir as diversas áreas de uma organização em busca deste objetivo é tarefa a ser vencida. Há exceções e são raras.

Muitos defendem que a área de comunicação das organizações deve ser terceirizada, o que seria um ótimo negócio para as agências. Mas, deve prevalecer o modelo misto entre a equipe interna e uma terceirização baseada no esforço conjunto entre a agência e a organização.

Algumas agências, notadamente as médias e grandes, pecam na ganância de querer um sem número de clientes e acabam não atendendo adequadamente a maioria deles, sendo mais um no seu portfólio recheado de marcas.

O mercado brasileiro vive um processo de amadurecimento. As agências ainda precisam ouvir mais seus clientes e trabalhar dentro de padrões preestabelecidos. Precisam definir melhor sua área de atuação, posicionando-se no mercado como especializadas em um ou múltiplos segmentos.

A maioria ainda não está efetivamente capacitada para os múltiplos serviços (*full service*). Assim como qualquer negócio, precisam surpreender seus clientes, propor soluções, gerar novas demandas.

As empresas, inclusive as grandes, preferem reduzir o número de agências, por questões práticas, para garantir uma visão interdisciplinar e estratégia uníssona, reduzindo a burocracia no gerenciamento de vários contratos.

A qualificação profissional apresenta-se com um dos principais desafios. As escolas ainda não formam profissionais genuínos em comunicação corporativa, e quem contrata busca alguém que resolva e não quem se esforça em fazer. Afinal, é a capacidade da equipe que faz a diferença.

A avaliação de resultados deve ser outra prática de uma agência de comunicação. Bueno (2009) observa que "a regra básica na comunicação moderna é medir o retorno de ações ou estratégias para que se possa avaliar, com precisão, a relação custo x benefício".

Embora medir o sucesso em comunicação não seja tarefa fácil, por causa da falta de interesse dos comunicadores pela mensuração, geralmente é feita a medição do esforço e não do resultado. Por exemplo, mede-se o que foi feito, mas não o resultado que aquela informação gerou.

Mensurar resultados é uma forma de identificar os acertos, corrigir desvios, ajustar o rumo e, principalmente, medir o retorno do esforço de comunicação.

Comunicação x propaganda

Com a ampliação do leque de serviços e a profissionalização, as agências de comunicação passaram a ter um papel estratégico nas organizações, pois agregam inteligência competitiva, atuando diretamente com os gestores e principais executivos.

Cada vez mais as organizações dão importância à comunicação como um processo contínuo de construção de imagem positiva e reputação perante seus públicos prioritários. Igualmente elas percebem que comunicação não é apenas propaganda e as verbas migram para a comunicação corporativa.

Pesquisa da WPP, maior grupo de comunicação do mundo, mostra que a propaganda abocanhava, em 1980, cerca de 85% das verbas de comunicação. Em 2006, a fatia reduziu para 40% do total.

Enquanto outros serviços de comunicação, como assessoria de imprensa e eventos, de 5% em 1980, cresceram para 20% em 2006, segundo esta pesquisa.

Um tipo de comunicação não anula o outro. Há uma convergência entre as ações de comunicação e propaganda. São complementares.

Mas algumas agências de propaganda, de olho nas oportunidades de negócio, mantêm seus departamentos de assessoria de imprensa, eventos e relações públicas.

Igualmente, poucas agências de comunicação se entremetem na propaganda, para faturar comissão na veiculação de anúncio.

Jornalistas x relações públicas

Os serviços de comunicação são prestados por empregados de uma organização, profissionais autônomos (freelancer) e por agências de comunicação.

Tal qual nos departamentos de comunicação das organizações, as agências contratam principalmente jornalistas, relações públicas e designers gráficos, embora nas organizações haja uma diversidade maior de profissões, como administradores, profissionais de marketing, publicitários, antropólogos etc.

Segundo a pesquisa Perfil do Jornalista Brasileiro, coordenada por Jacques Mick (2013), 40,3% dos profissionais formados em jornalismo atuam na comunicação organizacional e de personalidades, particularmente em assessoria de imprensa. As mulheres predominam com 64%.

Dos profissionais que trabalham nas agências, 73% são formados em jornalismo, 20% em relações públicas e 7% têm outras formações, conforme pesquisa que realizamos entre 365 agências, em 2010 (Schmitz, 2011).

Já nos departamentos de comunicação das grandes empresas, 52% têm formação em jornalismo, 24% em relações públicas e mesmo índice em outras profissões. Estes dados são de uma pesquisa da Databerje (2012).

Francisco Sant'Anna (2009), autor do livro *Mídia das fontes*, revela que no serviço público, 82% são jornalistas, 6% relações públicas, 2% publicitários e 10% de outras formações.

A prevalência dos jornalistas deve-se a vários fatores. Primeiro, por uma questão histórica. Basta lembrar que foi um jornalista, Ivy Lee, que em 1904 criou a primeira agência de relações públicas do mundo, a Parker & Lee.

Esta propensa "invasão" de jornalistas trouxe vários benefícios para a comunicação, enquanto se travou uma batalha entre as entidades de jornalismo e relações públicas.

A luta "fratricida" por espaços profissionais entre relações públicas e jornalistas no Brasil se arrasta desde os idos de 1968 e 1969, datas das regulamentações das duas profissões, respectivamente. Iniciou-se ali uma discussão estéril, com pouca negociação, pelas tarefas específicas, cada lado puxando a brasa para a sua sardinha.

O ensino superior fragmentou o curso de Comunicação Social em habilitações (jornalismo, relações públicas, publicidade e propaganda, design gráfico, rádio, TV e cinema). Alguns cursos superiores de jornalismo, a partir das novas diretrizes curriculares de 1999, incluíram disciplinas como assessoria de imprensa e comunicação institucional.

O Conselho Federal de Relações Públicas (Conferp) e suas regionais, com poder fiscalizador, ataca com multas, brandindo a lei. A Federação Nacional dos Jornalistas (Fenaj) contra-ataca com a reserva de mercado nas assessorias de imprensa e publicações das organizações, tentando impor a sua lei, com várias manobras.

A vinculação profissional dos jornalistas à comunicação decorre, conforme Nassar (2008, p. 81), de "acordo firmado, em 1983, entre Vera Giangrande, que presidia o Conselho Nacional de Profissionais de Relações Públicas (Conrerp), e Audálio Dantas, na época presidente da Federação Nacional dos Jornalistas (Fenaj", pelo qual "a área de relações públicas aceitava ceder aos jornalistas a reserva de mercado da assessoria de imprensa" (Chaparro, 2011, p. 16).

Como resultado desse acordo, em 1986 a Fenaj editou o *Manual de Assessoria de Imprensa* (atualmente *Manual de Assessoria de Comunicação*), demarcando os divisores e limites de competência entre as atribuições de jornalistas, relações públicas e publicitários, com a anuência da Conferp.

Em 2006 a Fenaj tentou, em vão, aprovar a lei que ampliava de 11 para 23 as funções privativas de jornalistas formados, entre elas, a de assessor de imprensa.

Na década de 1970, até meados de 1980, a assessoria de imprensa era rotulada de "prostituição do jornalismo". No final dos anos 80 os sindicatos de jornalistas determinaram que as redações da imprensa só podiam receber releases assinados por jornalistas.

Mas, devido ao enxugamento das redações da mídia e ao grande número de formados em jornalismo, o mercado de trabalho nas redações encolheu. Então, jornalistas consagrados (Audálio Dantas, Miguel Jorge, Júnia Nogueira de Sá, Carlos Brickman, Nemércio Nogueira, Sérgio Motta Mello, Marco Antonio Sabino), além dos recém formados, começaram a migrar para a comunicação corporativa e de personalidades.

Os jornalistas migrantes passaram a atuar principalmente em assessoria de imprensa e publicações empresariais. Isto provocou uma acentuada noção de que a comunicação pública e empresarial seria formada basicamente por estas duas subáreas.

Enfim, os jornalistas foram fundamentais na transformação da comunicação, dotando o setor de maior e melhor conteúdo, de transparência, de uma nova ética e de visão crítica.

No entanto, o jornalista vem perdendo espaço na comunicação das organizações, à medida que o setor se torna estratégico, requerendo um profissional capacitado para a gestão da comunicação e não apenas de quem detém a técnica de produzir conteúdos jornalísticos.

Do lado dos relações públicas, desde a aprovação da regulamentação da profissão, em 1968, as entidades fecharam-se em si, raramente admitindo o diálogo com outras áreas da comunicação. Ainda que legalizada, a profissão carece de legitimidade.

O conflito acirrou-se em 2002, quando o Conselho Federal de Profissionais de Relações Públicas (Conferp) baixou uma resolução normativa delimitando as "fronteiras corporativas" de funções e atividades privativas dos RPs.

O emaranhado de resoluções das relações públicas não permite que jornalistas ou quaisquer outros profissionais atuem, por exemplo, em assessoria de imprensa, produção de publicações empresariais e eventos.

Mas uma pesquisa – realizada inclusive entre jornalistas – revela a percepção de que os relações públicas só "cuidam da imagem" e, particularmente, promovem eventos. Portanto, falta o reconhecimento da sociedade e do mercado quando à complexidade e à abrangência de suas ações. Mas é inegável a habilidade dos RPs em planejar e estruturar a comunicação de uma organização, contemplando os seus vários públicos.

Na prática, relações públicas e jornalistas vinculados profissionalmente à comunicação das organizações atuam em campos e saberes reciprocamente solidários.

Segundo Wilson Bueno (2009), estas profissões são geneticamente diferentes. Não há uma aproximação mágica, mas sim uma atuação na diversidade interdisciplinar da comunicação, contemplando o melhor de cada um. É da soma e conjugação de conhecimentos e experiências destas profissões que se vale a comunicação.

Embora esta briga inglória se trave entre as entidades, no mercado a atuação conjunta é um caminho sem volta. Afinal, as organizações não estão preocupadas com esta rixa corporativista, e sim, com o desafio de uma comunicação de excelência nos relacionamentos com seus públicos.

As organizações buscam profissionais de comunicação polivalentes, independente da sua formação, com visão holística e experiência, além do constante aperfeiçoamento profissional.

Quanto às agências, as organizações cobram resultados e pagam por isto, independente da formação profissional de seus funcionários.

Perfil do mercado

Agora, algumas informações sobre o mercado de agências de comunicação. Trata-se de um segmento em evolução, tanto em faturamento, postos de trabalho, número de agências e clientes, quanto nos conceitos e práticas, no que se refere à atuação estratégica, gestão e representação política.

Há um horizonte de oportunidades e um campo fértil para o crescimento de empresas neste setor, pois as organizações vivem uma era de diálogo, transparência, pluralidade de opiniões, de interação e de múltiplos canais de comunicação.

Além dos serviços mais comuns – assessoria de imprensa, publicações e eventos – há espaço para serviços mais sofisticados, como programas de responsabilidade social e sustentabilidade, gestão de crises, treinamento de fontes (mídia training), auditoria de imagem, consultoria, comunicação interna e digital, principalmente.

As agências ainda enfrentam dificuldades, notadamente na administração do negócio, composição e formação de preços, concorrência predatória, falta de uma cultura de comunicação nas organizações, poucos serviços diferenciados e baixo valor agregado.

Até meados da década de 1980 prevalecia o modelo de agência especializada em um ou dois serviços: assessoria de imprensa e publicações, notadamente. Com o tempo, as agências formaram um composto de serviços que contempla a maioria do espectro da comunicação das organizações e personalidades.

Embora apresente uma fenomenal evolução conceitual e uma indiscutível competência técnica, ainda hoje as agências lutam para atender alguns pressupostos da comunicação.

Entre os desafios e mitos a serem superados ou atendidos, destacam-se a comunicação estratégica, a comunicação integrada, a terceirização da comunicação pelas organizações e a profissionalização.

Aliás, os cursos de comunicação estão aquém das necessidades das profissões, mesmo porque não promovem uma aproximação entre o ensino de graduação e as práticas de mercado.

Por isto, ainda não se apresentou alguém com formação ideal para a comunicação nas organizações e de personalidades, prevalecendo a multiplicidade de profissões. Mas certamente, no futuro, teremos um profissional genuíno.

Uma das tentativas é o curso de graduação superior de tecnologia em comunicação institucional, instituído pelo MEC, inspirado nas diretrizes curriculares para a educação profissional e em sintonia com a dinâmica do mercado de trabalho. Mas poucas universidades oferecem este curso.

Cada vez mais as agências se tornarão extensões das organizações que atendem. Por isso, a importância de superar estes desafios.

O mercado de agências de comunicação no Brasil é recente. Embora a pioneira, AAB, tenha sido fundada em 1962, a maioria foi criada a partir da década de 1990. Já no mercado internacional há agências quase centenárias. É composto essencialmente por pequenas e microagências, que chamo de "eugências" (constituídas por um profissional e um sócio, geralmente parente).

Presume-se que em 2011 havia, no Brasil, cerca de 1.500 agências de comunicação operando regularmente, empregando mais de 15 mil profissionais diretamente (exceto autônomos e aqueles que atuam nas áreas de comunicação das organizações).

Há uma disseminação das agências por todo o Brasil, inclusive com a expansão das grandes para outros mercados. No ano de 2000, mais de 80% das agências se concentravam na região Sudeste. Em 2011, conforme pesquisa da Mega Brasil (2013), reduziu para 77%, sendo 63,6% no Estado de São Paulo. O Sul (10%) aparece em segundo lugar, depois o Nordeste (8%), Centro-Oeste (4%) e Norte (1%).

Este mercado teve um faturamento estimado, superior a 2 bilhões de reais de receita, em 2012, segundo a Mega Brasil (2013). Nos Estados Unidos, as agências de relações públicas faturam cerca de 8 vezes mais, onde somente a líder Edelman, alcançou uma receita de 615 milhões de dólares em 2011.

Estudos da Aberje (2012) estimam investimentos de 30 bilhões de reais do mercado de comunicação corporativa no Brasil, em 2011, considerando pessoal, patrocínios, contratação de serviços etc.

Portanto, é um setor em franco desenvolvimento, com taxas de crescimento que superam os 20% ao ano, tanto nos números relativos ao faturamento como na geração de postos de trabalho.

Comparados com o mercado de agências de propaganda, os números das agências de comunicação são relativamente baixos. Mas, ao contrário do mercado publicitário, que teve um aumento 6% em 2012, apresenta um crescimento espetacular.

Parece incrível, mas quase não se tem notícia de fechamento de agências de comunicação. É um mercado generoso, com lugar para todos, desde aquele profissional com escritório domiciliar – que nem por isso deixa de realizar um bom trabalho – até as médias e grandes do setor.

Com tanta quantidade, a qualidade passa a ser um fator seletivo, e é nesse quesito que as agências vão se diferenciando uma das outras.

O mercado passa por uma profunda reorganização, graças às grandes empresas que aumentam os investimentos em comunicação e priorizam a contratação de agências bem estruturadas, bem como as licitações públicas.

A isso se soma a profissionalização do segmento. Surgiram, a partir de 2000, cursos de capacitação, tecnólogo e pós-graduação em gestão da comunicação organizacional em todo o Brasil.

Pesquisas apontam que mais de 80% dos profissionais que atuam na área têm formação superior e cerca de 25% possuem títulos de especialização.

Estes fatores estão forçando o mercado a fazer uma depuração. Não sobrevive aquela agência do menor preço e de um serviço só (por incompetência e não estratégia), mas aquela que tiver a capacidade de oferecer o leque de serviços da comunicação integrada.

Portanto, percebem-se alguns sinais: múltiplos serviços ou especialização, profissionalização e potencialização de talentos, expansão geográfica e internacionalização das maiores, consolidação e convergência das mídias em plataformas digitais etc.

A internacionalização deve-se a inserção do Brasil no cenário econômico mundial e a globalização de empresas brasileiras, que levam junto as suas agências pelo seu jeito de fazer comunicação.

As agências brasileiras começam a ser reconhecidas internacionalmente. Em 2011, no Festival de Cannes, a FSB conquistou o PR Lions (Leão de Ouro), pelo melhor uso das redes sociais nas mídias digitais. Em abril de 2012 foi indicada a Agência América Latina do Ano pelo The Holmes Report.

Enfim, está ocorrendo uma evolução natural, prevalecendo a competitividade e a profissionalização, assim como sucede em qualquer segmento empresarial.

Fusões, aquisições e parcerias

O mercado de agências caminha para a consolidação, que passa pelas fusões e incorporações, nas quais as agências bem estruturadas absorvem as demais.

Este processo começou com a chegada de agências internacionais, que tentam impor os modelos americano e europeu de relações públicas, e intensifica-se nas parcerias entre as agências brasileiras.

Em 2011 ocorrem várias aquisições e fusões, com os propósitos de profissionalização, estratégias de crescimento, expansão internacional e soma de competências, principalmente.

Um dos casos mais emblemáticos é o de Rodolfo Zabisky, presidente e fundador da MZ (relações com investidores), que uniu as operações à MVL e

Bric (comunicação corporativa), Lead (governança) e à Pixit (digital e vídeo), criando a *holding* AMPM (digital) sob a égide do grupo Atitude Global, com escritórios em São Paulo, Estados Unidos (Nova York, Chicago e San Diego) e na Ásia (Hong Kong, Pequim, Xangai e Taipei).

A CDI adquiriu a Sallêro de marketing promocional, no ano anterior havia se associado à americana Carma, especializada em mensuração de resultados. A InPress comprou a Media Guide, especialista em esportes, e a Oficina da Palavra, em *public affairs* (relações governamentais). A Approach uniu-se à Marca e à Lab Pop (redes sociais digitais).

Outras aderem a grupos internacionais de comunicação. A Andreoli associou-se à MSL, do grupo francês Publicis. Após a fusão em 2010, a S2Publicom passou para a Interpublic, que também controla a Weber Shandwick e a GolinHarris. Enquanto a S/A representa a Kreab Gavin Anderson, do grupo Omnicon, na América Latina.

As grandes também começam a formar uma rede de parcerias para atuar no exterior. A Máquina PR mantém associações com agências europeias, americanas e asiáticas: Hill & Knowlton, Cohn & Wolfe, GCI, Brunswick e Estudio de Comunicación. A FSB atua no mercado internacional em parceria com a Edelman e APCO. A CDN mantém escritório em Washington.

Igualmente firmam parcerias nacionais para atender necessidades regionais de seus clientes, como é o caso da ADS (Central de Comunicação, Campinas; BL News, RJ; Ação Comunicativa, DF), CDN (Comunicasul, RS e SC; Mosaico, ES), Imagem Corporativa (ATF, DF; Brava, PE; Darana, BA; Fábrica, SC e RPM, RJ), Ketchum Estratégia (ComTexto, interior de SP; Ideia, MG; Martha Becker, RS, News Assessoria, RJ e RP Labor, DF).

Modelos de agências

Qual é o perfil das agências de comunicação e como elas atuam?

Ao adotar simplesmente a denominação "agência de comunicação", o mercado brasileiro segue um modelo próprio, em vez do americano e de outros países, que empregam o termo "agência de relações públicas".

O segmento dispensa complementos como "comunicação empresarial, corporativa, institucional ou organizacional" porque ainda não assimilou a diferenciação destes conceitos.

No mercado, considera-se uma redundância a denominação "agência de comunicação e relações públicas", porque um conceito está contido no outro. Evidentemente, relações públicas é um método e atividade de comunicação.

Por exemplo, quando se refere às agências de propaganda e publicidade, sabe-se do que se trata. Da mesma forma, o mercado almeja consolidar a denominação simplificada de "agência de comunicação".

Para diferenciar os perfis de agências de comunicação, apresentamos a seguir alguns modelos de empresas.

As pioneiras

Em 1904, Ivy Lee, em parceria com George Parker, montou a primeira agência de comunicação do mundo moderno, a Parker & Lee, que inicialmente atendeu a Pennsylvania Railroad. Em 1906, ele enviou à imprensa a carta de princípios da assessoria de imprensa, até hoje atual.

Lee destacou-se como consultor para recuperar a credibilidade perdida do barão do capitalismo selvagem, John D. Rockfeller Jr. e através da Ivy Lee e Associados, sua outra agência, atendeu a Bethlehem Steel e a Chrysler.

A partir da década de 1960 as atividades de relações públicas e comunicação organizacional chegaram ao Brasil atreladas às indústrias e agências de propaganda americanas.

O primeiro brasileiro a atuar nesta área foi José Rolim Valença, que começou a aprender a profissão na agência de propaganda J.W. Thompson. Em 1962, ele criou a AAB, primeira agência de comunicação do Brasil, tendo como sócio José Carlos Fonseca Ferreira, vindo da Ford.

A pioneira treinava estagiários e dela originaram agências como ADS (1971), de Antonio De Salvo; a Inform (1975), de Carlos Eduardo Mestieri e Vera Giangrande, que depois criou com Flávio Schmidt a VG&S, incorporada em 1994 à LVBA.

Na década de 1970, AAB foi adquirida pela agência de propaganda Ogilvy & Mather e depois transferida à ACI, que em 1988 foi incorporada à Hill & Knowlton e fechada cinco anos depois.

Em 1968 surgiu a Proal – Programação e Assessoria Editorial, fundada pelo jornalista luso-brasileiro Manuel Carlos Chaparro, a primeira especializada em publicações empresariais. Entre seus profissionais destacou-se Gaudêncio Torquato, pesquisador pioneiro desta área.

Outras agências pioneiras foram: Unipress (1971), de Reginaldo Finotti e Alaor José Gomes; ACI (1973), de Ney Peixoto do Vale e Arides Visconti; Mecânica de Comunicação (1973), de Ênio Campói; LVBA (1976), de Valentim Lorenzetti e Wilson Villas-Bôas; Comunic (1978), de Cláudio Amaral e a paranaense Enfoque (1978), de Creso Luiz de Moraes.

Pesquisa da Mega Brasil (2013) aponta que 14,8% das agências brasileiras foram criadas até 1989, 34,8% nos anos de 1990 e 50,4% neste século.

As multinacionais

Entre as grandes multinacionais, a primeira agência a chegar ao Brasil com estrutura própria, em 1977, foi a Burson-Marsteller, integrante do grupo WPP, e introduziu o conceito moderno de comunicação corporativa no País.

Seguindo os seus passos, outras estão no País, vindas com o propósito inicial de atender seus clientes internacionais: Hill & Knowlton, com escritório próprio e independente desde 1996, antes era representada pela Inform, desde 1974, e Edelman (1997), que adquiriu a Significa em 2010, e a maior agência mundial com faturamento de 615 milhões de dólares em 2011, segundo o ranking The Holmes Report (2012).

Entre outras estrangeiras, estão no Brasil: as americanas Porter Novelli, pertencente ao grupo Omnicom, associou-se à In Press, em 1999; The Jeffrey Group (1998); a Ketchum, também do Omnicom, que em 2002 fez uma sociedade com a Estratégia; a Ogilvy PR, resultado da fusão com a Diferencial, em 2007; a portuguesa Cunha Vaz (CV&A), desde 2005 e as espanholas LLorente & Cuenca (2008) e a Infopress, que constituiu a Audentia no Brasil, em 2010; bem como a global FTI e inglesa Brunswick, ambas aportaram em 2012.

Elas trabalham fortemente os conceitos de relações públicas e oferecem um portfólio completo de serviços (*full service*), inclusive os mais sofisticados.

Têm *expertise* em ações avançadas de comunicação, como *advocacy* (ações dirigidas a quem decide, sensibilizando a sociedade acerta de temas do interesse do cliente), *lobby* (relações governamentais), *public affair* (diagnóstico político, com análise de tendências), gerenciamento de marca (imagem e reputação) e marketing experiencial.

Relações públicas

Além das americanas, poucas agências brasileiras são genuinamente de relações públicas, ou seja, atuam dentro de um conceito de "administração da comunicação" entre a organização e seus públicos.

O conceito puro de relações públicas ainda está confinado às teorias e agências experimentais dos cursos de Comunicação Social e algumas organizações públicas e grandes empresas.

Mas a Inform talvez seja a agência genuinamente brasileira que mais se aproxima deste modelo. É dirigida por um dos pioneiros das relações públicas no Brasil, Carlos Eduardo Mestieri, que com Vera Giangrande criou a agência, em 1974.

Por carregar este conceito, inicialmente representou no Brasil a Hill & Knowlton, na época a maior empresa de RP nos Estados Unidos.

A Inform foi uma das precursoras da pesquisa de imagem e auditoria de opinião pública e trata as relações públicas não somente com uma atividade voltada para a imagem institucional, mas também uma ferramenta de marketing.

Obviamente que a maioria das agências atua nessa perspectiva, mas, na prática, o foco é o operacional e não a gestão da comunicação.

As maiores

As dez maiores agências do país abocanham cerca de 30% das verbas neste segmento e faturaram entre 20 milhões e 145 milhões de reais por ano, cada, em 2012, segundo o ranking da Mega Brasil (2013). Para o The Holmes Report (2012) a FSB é a 24ª maior agência do mundo e a CDN ocupa a 32ª posição.

Além da FSB e CDN, completam a lista das dez maiores agências: In Press Porter Novelli, Máquina PR, Edelman Significa, Insight, Approach, CDI, Andreoli MSL e S2Publicom. Concentram-se em São Paulo e no Rio de Janeiro, sendo que a maioria tem escritórios em Brasília.

Assim como as agências internacionais, as maiores brasileiras também agregam valor aos produtos. Por exemplo, a par da assessoria de imprensa, desenvolvem serviços de mídia training, comunicação digital, gestão de crise e mensuração de resultado.

Estão capacitadas para os múltiplos serviços, com um diversificado portfólio. Além dos produtos básicos, oferecem soluções diferenciadas, como auditoria de imagem, pesquisa, consultoria etc.

Outras também se destacam por reunir profissionais altamente qualificados. A CDI, por exemplo, tem uma equipe de 98% graduados em jornalismo, relações públicas, marketing, sociologia, economia, sendo que 67% têm pós-graduação e 48% dominam ou estudam uma segunda ou terceira língua.

Pela pesquisa da Aberje (2012), 80% das 100 maiores empresas brasileiras contratam as dez maiores agências de comunicação do País.

Unidades de negócios

Entre as grandes cresce o modelo de unidades de negócios. Trata-se de um grupo de empresas coligadas ou unidades com estruturas independentes, que visam atender peculiaridades do mercado e, eventualmente, reduzir a carga tributária, optando pelo Simples Nacional.

Um caso típico deste modelo é a TV1, do casal de jornalistas Sérgio Motta Mello e Selma Santa Cruz. O grupo reúne seis agências especializadas e complementares, que atuam de forma única e sinérgica: RP, Vídeo, Eventos, Conteúdo, .Com (comunicação digital) e GNova (publicidade).

Motta Mello diz que "o grupo TV1 é a expressão da mudança do negócio da comunicação. Nosso modelo não é dependente da mídia. Já reflete o novo", isto é, múltiplos serviços convergentes e estratégicos.

Algumas assumem agências especializadas e transformam em unidades de negócios, a exemplo da In Press, que adquiriu participação na Media Guide, com foco em esportes, e a Oficina da Palavra, especializada em relações governamentais e com sede em Brasília, e criou outros núcleos: comunicação externa e interna, conteúdo e publicações, gestão de crise, pesquisa e treinamento.

A EDM Logos também segue este modelo. A partir do ano de 2000, criou inicialmente uma empresa de editoração eletrônica para publicações impressas e digitais e depois uma agência de publicidade institucional, além de unidades internas de imprensa e eventos.

Por segmentos

Outras agências optam por atender determinados segmentos, especializando-se em informática e tecnologia (ABCE), moda (MKT Mix, Samira Campos, Estilo & Arte), saúde (Ideas, Editoria de Saúde), cultura (Articultura), celebridades (Suzana Schreiner), mulher (Femme), automóveis (Secco), mercado de capitais (MZ e S/A), esportes (ZDL, MPC, Local, Photo&Grafia), varejo e gastronomia (Direta).

Dominar um segmento cria um grande diferencial no mercado e inibe a concorrência. Por conhecer bem um determinado setor, as organizações e personalidades valorizam muito esta *expertise*.

Neste caso, a agência tem informações privilegiadas do mercado, sendo uma referência para a mídia – às vezes, atua como uma espécie de agência de notícias -, embora haja limitação ao número de clientes e ao atendimento a concorrentes.

A MKT Mix, por exemplo, atua no universo fashion, atendendo estilistas brasileiros, grifes e eventos de moda, tanto na coordenação de desfiles e nos serviços de assessoria de imprensa, principalmente.

Embora prevaleça o modelo de freelancer no atendimento às personalidades, algumas agências voltam-se para o mundo das celebridades, como é o caso da Suzana Schreiner, no mercado desde 1987.

As especialistas

Poucas agências oferecem um único serviço, por uma questão estratégica, embora o foco de muitas seja somente assessoria de imprensa por não estar capacitadas a outros serviços.

Uma das exceções, e de sucesso, é a Happy House Brasil, especializada em comunicação interna, ou como ela quer, "endomarketing", sendo "a primeira agência de propaganda interna do Brasil", criada no ano de 2000 pela Analisa de Medeiros Brum, autora de vários livros nesta área.

A Happy House vem desenvolvendo o planejamento e a implantação de programas de comunicação interna de grandes empresas brasileiras, muitas delas consideradas referências neste tema.

No seu rastro, surgiu em 2007 a Santo de Casa Endomarketing, do casal Daniel Costa e Camila Lustosa, e Parahim Neto. A agência também é especialista em comunicação interna e com sede em Porto Alegre.

Embora desenvolva outros serviços, a MVL Comunicação, de Nilson de Oliveira, é reconhecida por sua expertise em gestão de crises.

Também existem empresas especializadas em eventos, que vão de festas e casamentos a congressos internacionais, com destaque para a Inbradep, Banco de Eventos, GW, Win, TV1 Eventos e outras.

Muitas agências de múltiplos serviços não dominam ou pouco se interessam por áreas como a comunicação interna e eventos.

Assessoria de imprensa

Muitas empresas de comunicação se apresentam como agência de múltiplos serviços (*full service*), embora esteja capacitada em poucos deles, notadamente em assessoria de imprensa.

A maioria das agências nasce como assessoria de imprensa. Este, continua sendo o principal serviço, representando, em média, 40% do faturamento, conforme os indicadores da Abracom (2012).

Também é o serviço mais contratado por 75% das grandes empresas, sendo que 51% consideram relevante o planejamento conjunto das ações, com índice de 88% de satisfação, segundo pesquisa da Aberje (2012).

Inúmeras agências ainda então na fase de somente fazer e distribuir releases. Mas existem exceções, como a A4 Comunicação, da administradora Mai Carvalho e do jornalista Paulo Figueiredo. A agência agrega serviços à assessoria de imprensa: gestão das relações com os clientes e a mídia, administração de crise e de informação (clipping), mídia training e mensuração de resultado.

Mai Carvalho alerta que "é fundamental estar sempre atento às demandas do mercado, novas ferramentas e às tendências da comunicação". Também afirma que é preciso "manter um bom relacionamento com prospects e jornalistas".

No caso da A4, um fator de sucesso da gestão é a complementação das experiências profissionais e da formação dos sócios.

Agências médias

Ser média, nem grande nem muito pequena, vem sendo o modelo almejado por algumas agências, comportando em torno de 20 profissionais e até 15 clientes.

"Quando se é muito pequeno, você fica vulnerável; muito grande, precisa montar uma estrutura complexa, difícil de administrar", explica Agostinho Gaspar, da G&A (Mega Brasil, 2012).

Este modelo facilita o atendimento dos sócios aos principais clientes, tem foco no planejamento, desensolve ações diferenciadas e serviços inovadores.

O objetivo não é o volume de faturamento, mas a rentabilidade, ou seja, uma lucratividade excelente que permite a agência investir nos seus profissionais, na estrutura e nos serviços.

Enquanto uma agência grande consegue uma receita média de 160 mil reais por profissional ao ano, este modelo pode alcançar até o dobro de resultado financeiro.

Um exemplo deste formato é a própria G&A, que chegou a ter 75 empregados e reduziu pela metade, centrou-se em clientes corporativos – não atende governos, partidos políticos, igrejas -, desmembrou contas e agregou valor aos serviços.

Pequenas agências

Embora a maior parte do mercado seja composto por microagências, um modelo interessante é da pequena agência, aquela formada pelos sócios e até dez profissionais.

Esse porte comporta em média cinco clientes, onde a agência busca crescer dentro da organização que atende, utilizando uma estratégia de manutenção.

Um exemplo típico deste perfil é a Flamma Comunicação, da jornalista e relações públicas Gisele Passos.

Ela defende que uma agência deve atuar em múltiplos serviços, contando com "uma rede de parcerias estruturadas para atender todas as necessidades dos clientes, caso contrário abre-se flancos para a concorrência".

Gisele conta que poucas vezes prospectou clientes, a maioria foi por indicação, "por isso, é importante estar no lugar certo e conhecer as pessoas certas".

Esta é a sua visão de agência: "Eu não quero o glamour da comunicação", mas uma empresa que dê bons resultados aos clientes e à própria agência.

As "eugências"

Muitas assessorias de comunicação surgem da necessidade do profissional freelancer em emitir nota fiscal de prestação de serviços. Foi o que ocorreu com a jornalista Marli Rudnik, ao criar a New Age. Ela reclama: "nos cursos de graduação somos preparados para ser empregados, não empreendedores".

Marli foi em busca de formação, fez uma pós-graduação e "investi na publicação de um site, material de apresentação, cartões de visita, uma estratégia de contato com clientes para mostrar nosso trabalho", conseguiu novos clientes e desenvolveu-se.

Mas a maioria continua estagnada. Isto ocorre principalmente naquelas "eugências" constituídas por um ou dois profissionais, devido a uma forte e irracional competição por preço baixo que se trava no mercado.

Pelo nível de concorrência e a necessidade de sobrevivência, muitas aceitam qualquer cliente, pelo preço que for possível pagar. Ainda prevalece a tática da sobrevivência, de "vender o almoço pra comprar o jantar".

Mas há "eugências" que sustentam o formato por uma questão estratégica. São profissionais que buscam qualidade de vida, realização pessoal e fogem dos grandes centros, do estresse e da elevada carga tributária.

Seja por estratégia ou sobrevivência, as "eugências" formam a grande maioria das agências, aproximadamente 60%, sem contabilizar os autônomos (freelancer), alguns com dupla jornada, nos veículos e nas assessorias.

Freelancer

Geralmente o estágio anterior à agência formalmente constituída, ocorre no trabalho independente e empreendedor de profissionais de comunicação, por necessidade e, raramente, por oportunidade.

João Marcos Rainho (2008) conta em livro a sua experiência como *freelancer*, apresentando também as conveniências, peculiaridades e riscos, bem como dá dicas para uma atuação regular positiva e empreendedora.

As formas de trabalho variam, desde o "empregado freelancer", considerada uma aberração jurídica, o recém-formado, o desempregado e o "freelancer profissional", aquele que opta atuar no mercado de trabalho por conta própria, sem abrir empresa.

Ainda que os jornalistas e relações públicas sejam profissionais liberais, há controvérsias sobre a atuação como tal ou freelancer, pois não há uma regulamentação da terceirização. Resta a opção de autônomo, pois nem mesmo se enquadra como microempreendedor individual.

Os freelancers formam um grande contingente dos profissionais que prestam serviços de comunicação e são potenciais futuros donos de agências.

Entidades e redes

O setor de comunicação conta com a sua entidade, a Associação Brasileira das Agências de Comunicação (Abracom), fundada em abril de 2002, por 56 agências. Antes, por dois anos uma dezena de empresários vinha planejando a sua criação. Em 2011 esta associação superou 355 associadas em praticamente todos os estados brasileiros.

A Abracom (2012) se propõe a organizar e defender os interesses das empresas do segmento, além de valorizar o setor, contribuindo para a difusão de padrões profissionais, éticos e as melhores práticas.

Entre seus produtos e serviços destaca-se o Indicador de Comunicação Organizacional (ICO), com dados do setor, atualizados trimestralmente e os Cadernos de Comunicação Organizacional, publicações em formato de guia sobre assuntos relevantes e tendências da comunicação.

A entidade é associada à International Communications Consultancy Organization (ICCO), rede mundial que congrega associações e representam mais de 1,5 mil agências de comunicação em 28 países e que proporciona troca de informações e alianças estratégicas.

Embora representativa, a Abracom reúne principalmente as grandes e médias agências. As micro e pequenas, por desconhecimento da atuação e benefícios ou falta de espaço político e contato da entidade, não se filiam.

Consolidada, a Abracom é a terceira tentativa de formar uma entidade do setor. A primeira, criada em 1983, foi a Associação Brasileira de Empresas de Relações Públicas (Aberp) que se transformou na Associação Brasileira de Empresas de Comunicação (Abec).

O segundo ensaio deu-se com a incorporação da Abec pela Associação Nacional das Empresas de Assessoria de Imprensa e Comunicação Social (Aneci), fundada em julho de 1986 por 15 agências e "assessorias", fechada por rixas entre jornalistas e relações públicas.

Nota-se, que nos primórdios o mercado era dividido entre as agências de relações públicas e as assessorias de imprensa. A Abracom, portanto, agrupou essas áreas e as suas competências.

O segmento também conta com a Associação Brasileira de Comunicação Empresarial (Aberje), criada em outubro de 1967 e que reúne, além de algumas agências, as mais variadas organizações que mantêm uma estrutura de comunicação. A Aberje agrega ainda a Associação Brasileira de Comunicação Organizacional, desde 1998, e a Associação Brasileira de Branding, a partir de 2008.

Outra forma de associação são as parcerias entre agências para atender peculiaridades locais ou regionais, como é o caso da Rede Brasileira de Comunicação Empresarial (RBCE), formada por treze agências, distribuídas em dezesseis estados; da Rede Brasileira de Gestão de Imagem (RBGI), com agências em São Paulo, Rio de Janeiro, Paraná, Porto Alegre e Distrito Federal; da BrasilPress, em dez capitais e a Publisher, de freelancers.

No âmbito internacional também se formam esse tipo de parceria, como a Sermo, uma rede especializada no mercado de luxo, beleza, moda e comportamento, integrada por doze agências da Alemanha, Austrália, China, Rússia, Grécia, Índia, Brasil (Approach) e outros países.

Há outras parcerias como a Relamce (Rede Latino-Americana de Comunicação Empresarial), para gerenciar o posicionamento e a imagem de marcas; outra voltada para a gestão de crise, a CMN (Crisis Management Network).

Estrutura e atividades

Se você não mudar a direção,
terminará exatamente onde partiu.
Provérbio chinês

Embora tenha uma similaridade com as agências de propaganda, a estrutura da empresa de comunicação não segue a sua rigidez organizacional por departamento (planejamento, atendimento, criação, mídia e produção), embora algumas sigam este modelo, como a RP1 e a Happy House Brasil.

No caso das agências de comunicação, geralmente a estrutura é ajustada por clientes, serviços ou unidades de trabalho: assessoria de imprensa, publicações impressas e digitais, editoração, eventos etc.

As agências de comunicação nascem microempresas, normalmente com dois sócios, tendo à frente um jornalista ou profissional de relações públicas. No caso de pequeno porte, os sócios e os poucos funcionários desempenham mais de uma atividade. Neste estágio o organograma é simples e informal.

Mas quando a agência cresce e, consequentemente, contrata pessoas, é necessária uma organização estrutural formal, na qual os sócios assumem cada vez mais funções estratégicas e menos operacionais.

Estabelece-se então uma hierarquia, ou seja, a definição dos níveis do poder de decisão, quanto às responsabilidades, funções e tarefas. Existem vários tipos de estruturas organizacionais. As mais comuns: simples, funcional, matricial, por cliente e unidades de negócio.

Na estrutura funcional, os profissionais são agrupados por habilidades e são comuns em agências pequenas, com poucos serviços.

Os organogramas por clientes reúnem pessoas com diferentes tarefas e habilidades para atender uma ou mais organizações. Também se pode dividir a equipe por regiões (no caso de filiais). É um modelo muito utilizado.

Uma outra forma é a matricial, que agrupa equipes multifuncionais permanentes para misturar as forças técnicas, proporcionando maior flexibilidade, transparência nos custos e decisão descentralizada.

Na estrutura por unidade de negócio, diferentes profissionais atuam em determinado tipo de produto ou serviço, responsabilizando-se por todo o seu processo.

Esse modelo reúne profissionais afins em torno de um tipo de serviço. Assim, as equipes concentram suas especialidades e conhecimentos em soluções específicas, com maior rapidez, autonomia e qualidade nas decisões.

Tipos de empresas

Uma das primeiras ações na abertura de uma empresa é o seu enquadramento legal.

Embora as agências de comunicação não possam optar pela tributação do Simples Nacional, elas podem se beneficiar da Lei Geral das Micro e Pequenas Empresas, na preferência em licitações, financiamentos e eventuais reduções de impostos em alguns municípios.

É considerada microempresa aquela que auferir receita bruta igual ou inferior a 240 mil reais por ano e de pequeno porte, deste valor até 2,4 milhões reais.

Para fugir da pesada carga tributária, um grande contingente de jornalistas atua na comunicação como freelancer (autônomos), por conta própria, prestando serviços de natureza intelectual, isto é, oferecem conhecimento aos seus clientes e às próprias agências. Por este motivo não podem aderir ao programa de Microempreendedor Individual (MEI), permitido apenas às atividades incluídas no Simples Nacional.

Uma agência de comunicação pode ser criada como uma sociedade simples, constituída por duas ou mais pessoas com profissões regulamentadas, tendo por objetivo a prestação de serviços. As sociedades simples prestadoras de serviços são regidas pelo Código Civil e não podem praticar comércio de produtos nem estão sujeitas à falência.

Em vez de sociedade simples, quase a totalidade das agências de comunicação opta pela sociedade de responsabilidade limitada. Este tipo de empresa pode estar associada aos nomes dos sócios ou a um nome de fantasia.

Nesta opção, para compor a razão social deve-se acrescentar a expressão "limitada" ou, mais comumente, "Ltda.". O nome também deve vir acrescido da atividade principal, compatível com o objeto social descrito no contrato social: Assessoria de Comunicação, Assessoria de Imprensa, Eventos, embora o aconselhável seja simplesmente, Comunicação.

Abertura da agência

Quem ainda não constituiu a empresa e pretende abrir a sua agência, antes, deve consultar a Prefeitura Municipal sobre a viabilidade do negócio e se é permitido estabelecer-se no endereço escolhido.

O segundo passo é elaborar o contrato social e registrar na Junta Comercial do Estado, normalmente acompanhado de fotocópias das carteiras de identidade e CPF dos sócios. No caso de uma sociedade simples o registro é feito em cartório de notas e registro civil.

Em seguida solicita-se na Receita Federal o número do Cadastro Nacional de Pessoa Jurídica (CNPJ). Após a liberação do contrato social e do CNPJ é feito o registro da empresa na Prefeitura, para requerer o alvará de funcionamento. Eventualmente é exigido o alvará sanitário.

Como prestadoras de serviços, desde que não comercializem produtos, as agências são dispensadas da inscrição estadual. Para a abertura da empresa, aconselha-se a contratação de um contabilista.

Segundo o Banco Mundial, o Brasil é o quinto pior país para abrir uma empresa, conforme estudo realizado em 2006 entre os 144 países analisados, ficando apenas à frente de Moçambique, Laos, Haiti e Congo. Envolve 18 procedimentos, podendo demorar até cinco meses, dependendo do estado e município.

Nome e marca

O nome da agência expressa a sua identidade, a personalidade e o posicionamento (nome fantasia), bem como pode identificar o principal profissional ou seus sócios.

Um nome ganha força quando tem foco e promove um segmento, no caso a comunicação, e quando carrega a cultura, os valores e os atributos da empresa. Se alguém realmente acredita no negócio, a ponto de dar o seu nome ou sobrenome à empresa, já é um bom indício, mas não a garantia de sucesso.

Deve-se analisar muito bem o nome. Parece fácil, mas criar um bom nome para a agência requer pesquisa e visão do negócio.

É comum, neste segmento, a adoção das iniciais dos sócios ou da atividade: FSB, EDM, CDN, ADS, LVBA, WN&P, ZDL, S/A, G&A, CDI, S2, A4 etc. Também utiliza-se o nome ou sobrenome dos sócios: Porter Novelli, Burson-Marsteller, Edelman, Grecco, Gaspar, Brickman, Jeffrey, Lu Fernandes.

Ainda opta-se por palavras associadas à atividade de comunicação: In Press, Máquina da Notícia, Publicom, RP1, Imagem Corporativa, Textual, Primeira Página, Casa de Notícia, Unipress, Inform, Lide.

Nominar uma empresa é como dar nome a um filho. Nele estão os desejos, anseios, enfim, todas as expectativas de futuro. Quando se cria uma marca, o ideal é que ela dure toda uma vida. Mas nada impede alterações, embora demande custos e um novo esforço de posicionamento no mercado.

Um bom nome expressa a proposta da empresa no mercado, e a forma dada à marca escolhida auxilia na memorização e, principalmente, na sua diferenciação.

O ideal é fazer uma lista de nomes e analisar com isenção. Jack Trout e Steve Rivkin (1996), especialistas em marcas, apontam alguns aspectos que se deve considerar na hora de criar o nome de uma empresa.

Aceitabilidade: o nome é aceito e facilmente compreendido?

Significados existentes: que significado tem o nome para você e para outras pessoas? (Faça uma rápida pesquisa)

Conotação negativa: o nome da empresa pode ser confundido com outra coisa?

Pronunciabilidade: o nome é fácil ou difícil de pronunciar? Precisa soletrar para que os outros entendam?

Registro da marca

Escolhido o nome, é hora de verificar se pode ser registrado e se o domínio na internet está livre (registro.br).

Desde 2008, ficou mais fácil, rápido e barato registrar uma marca no Instituto Nacional de Propriedade Industrial (INPI). No item e-Marca no site do INPI (inpi.gov.br) é possível fazer todo o encaminhamento e pagamento pela internet, sem precisar da assessoria de um escritório de marcas e patentes, embora seja aconselhável.

Muitas agências não se preocupam com o registo, mas é uma proteção legal que garante o uso exclusivo de seu proprietário. No INPI pode-se registrar o nome e o símbolo: o conjunto da marca ou somente um deles.

O prazo de validade do registro é de 10 anos, desde que utilizada, e pode ser prorrogado. Palavras e expressões de uso comum geralmente não permitem registro.

Outra forma de registro importante é o domínio na internet. É importante evitar palavras e expressões acentuadas e com "ç". É permitido o registro de domínios de duas a 26 letras. O mais comum é <xxx.com.br>.

O órgão responsável pelo registro de domínio no Brasil é o Comitê Gestor de Internet – CGI.br (registro.br) e deve ser renovado anualmente com o pagamento de uma pequena taxa.

Identidade visual

Os elementos da marca que mais se destacam são os visuais, retratados pelas formas. Cor, tipologia e construção geométrica são elementos importantes na identidade visual.

O tamanho da marca também deve ser muito bem estudado e pode representar poder, força, fragilidade, harmonia ou equilíbrio. A construção geométrica refere-se à disposição do texto, cores e símbolo.

Escolher uma cor apropriada ou a combinação entre elas remete à influência nas pessoas e da cultura. As cores quentes ficam mais evidentes e se destacam. O vermelho alegra, estimula e motiva. O laranja e o amarelo também são fortes.

O verde transmite sensação de repouso, equilíbrio, natureza, mas não é persuasivo. O azul é uma cor calmante, que, em composição com o branco e o vermelho, torna-se estimulante e de paz. É da cor certa ou da combinação criativa entre elas (duas ou três), que pode surgir uma marca consistente.

Igualmente a tipologia de uma marca cria percepções. O tipo de letra leva às mais variadas sensações. Letras serifadas denotam elegância, enquanto as arredondadas remetem à simpatia e ao aconchego.

O tipo manuscrito cria intimidade e cordialidade voltada para o cliente. Uma marca em maiúsculas transmite autoridade, arrojo e agressividade.

Associar a tipologia e a cor a um símbolo agrega valor à marca e facilita na identificação da empresa, desde que haja divulgação forte e contínua.

A isto tudo se pode acrescentar um slogan para provocar uma associação automática da marca com o seu diferencial. Trata-se de uma frase curta, um lema que posiciona a empresa e expressa sua atitude ou serviços. Ele resume de forma direta e repetida a posição da empresa.

Todos esses elementos compõem a identidade visual da agência. É importante indicar as formas de aplicação da marca, em cartão de visita, notas fiscais, envelopes, papéis e materiais promocionais. Deve-se vigiar o uso correto e suas variáveis para manter a imagem positiva da empresa.

O escritório

Embora raramente os clientes visitem a agência, deve-se investir em um ambiente adequado para o trabalho.

No início, geralmente trabalha-se em casa, *home office.* Deve-se ter o cuidado para que os afazeres domésticos não interfiram. Por isso, é preciso autodisciplina, ambiente reservado, equipamentos básicos etc.

As principais vantagens são: economia do tempo que se perde no trânsito, redução de custos de aluguel e transporte, divisão das contas de telefone, internet etc.

Mas também há desvantagens: falta do trabalho em equipe, produtividade baixa ou em excesso, pode-se tornar um *workaholic*, trabalhando até de madrugada e dificuldade de crescimento empresarial, notadamente.

À medida que se constitui a empresa e ela começa a crescer, é importante ter um escritório, de preferência próximo à residência ou dos principais clientes.

O espaço depende muito das instalações, porém deve-se primar pela funcionalidade, decoração agradável, climatização e iluminação adequadas, além da integração das atividades. Algumas agências optam pelo espaço único, sem divisórias, facilitando a comunicação e a participação da equipe em todos os processos.

Além dos móveis (mesas, cadeiras, armários, arquivos, sofás, mesa de reuniões), os investimentos em informática são fundamentais. Incluem computadores (notebooks são muito úteis nesta atividade, pela mobilidade), impressoras multifuncionais, periféricos, softwares para edição de texto, antivírus, backup etc.

A infraestrutura de telefonia e internet carece de uma atenção especial, principalmente quanto ao acesso veloz à internet (banda larga), celulares e telefonia (sistema VoIP), bem como webconferência.

Fornecedores e parceiros

Além da estrutura física, a agência deve contar com uma rede de fornecedores e parceiros.

No caso de assessoria de imprensa são imprescindíveis os serviços de mailing atualizado de jornalistas e veículos de comunicação e clipping impresso e eletrônico.

Para publicações impressas e digitais, algumas agências terceirizam ou mantêm parcerias com estúdios de editoração eletrônica e empresas de construção de sites. Também são comuns as parcerias com fotógrafos, equipes de filmagem e edição, gráficas e editoras.

Em se tratando de eventos, pode-se contar com uma rede de fornecedores: buffet, som, iluminação, projetor multimídia, palestrantes, mestres de cerimônia, tradução simultânea, floricultura, locação de móveis e decoração.

Os custos dos fornecedores podem ser assumidos pela agência e repassados ao cliente. O mais comum – e vantajoso – é o pagamento direto pelo cliente, com a cobrança de uma comissão de até 15% sobre serviços prestados por fornecedores (Lei nº 4.680/65).

Profissionais e serviços

No Brasil, a partir da década de 1990 as agências de comunicação começaram a deixar o modelo de único serviço – geralmente assessoria de imprensa ou publicações de organizações (não midiáticas) – para ampliar o leque de serviços.

Impulsionadas pela teoria da comunicação integrada e estimuladas pelo marketing e recursos humanos, a maioria passou a oferecer um cardápio de serviços, enquanto outras optam por se especializar em um segmento.

Por questões de competitividade, redução da estrutura administrativa, foco nos negócios ou atividades e profissionalização, as organizações optam, cada vez mais, por contratar agências para realizar os serviços de comunicação, mesmo mantendo uma estrutura interna.

Para atender esta demanda, uma agência de comunicação presta, basicamente, serviços de assessoria de imprensa e relacionamento com a mídia, relações públicas, comunicação interna e comunitária, publicações (jornais, revistas, boletins) para os diferentes públicos de uma organização ou personalidade.

Também atua na organização de eventos e gestão de patrocínios, comunicação digital e conteúdo para a internet, editoração multimídia, gerenciamento de crise, produção de vídeos para organizações, publicidade institucional e imagem corporativa. Pode ainda coordenar pesquisas de opinião e auditorias, programas e projetos de cidadania e responsabilidade social.

Conforme pesquisa da Aberje (2012), os principais serviços contratados pelas grandes organizações são assessoria de imprensa (75%), eventos corporativos (70%), comunicação interna (62%), pesquisa, mensuração e avaliação (53%), patrocínios (13%), relações com investidores (10%) e relações governamentais (9%).

Para contratar uma agência, ainda segundo a pesquisa, as organizações levam em consideração a qualidade dos trabalhos realizados (90%), conhecimento específico apresentado (89%), sua imagem pública (66%), tempo de funcionamento (38%) e carteira de clientes (24%).

Planejamento

Embora pouco valorizados, planejamento e atendimento são essenciais e interligados. Estas tarefas são realizadas pelos sócios ou funcionários qualificados. Planejar é olhar para o futuro, pois não existe planejamento do passado nem do presente.

Quem planeja deve ser arrojado, empreendedor, ter uma visão ampla do mercado, profundo conhecimento do cliente, liderança e bom relacionamento.

Os relações públicas são hábeis nestas funções.

O planejamento antecipa tendências, demandas, necessidades dos clientes e mudanças do mercado. Ele rege as ações, e é feito antes da tomada de decisão (ajuda na hora de decidir), apontando as metas e objetivos a atingir. Refere-se à criação de projetos, planos e programas.

É uma característica deste segmento o atendimento às organizações por um longo período, onde as agências convivem, numa relação sustentável com seus clientes, na prosperidade, nas recessões, crises. Por isso a importância do planejamento de longo prazo.

Além do planejamento da própria agência, ela pode contribuir e liderar o processo de planejar a comunicação de seus clientes, a começar pela criação de uma política de comunicação, estabelecendo os valores, metas e formas de interação com seus públicos.

A política de comunicação facilita a criação de projetos e programas de comunicação, seja de assessoria de imprensa e planos de divulgação, programas de comunicação interna e comunitária, projetos de publicações impressas e digitais, eventos etc.

Atendimento

Geralmente dá-se pouca importância ao atendimento. Como a maioria dos serviços é constante – assessoria de imprensa, publicações impressas e digitais –, o atendimento ocorre na apresentação do plano e na operacionalização dos serviços.

No entanto, o atendimento é o elo entre a agência e o cliente. Ele deve ser pautado por um trabalho de bom relacionamento, confiança e credibilidade, além de uma visão profissional e técnica.

Não dá para "terceirizar" cliente nem atendimento. O ideal é que o atendimento seja feito pelos sócios e profissionais altamente qualificados. O responsável precisa conhecer profundamente o cliente e o mercado.

Para manter um bom relacionamento recomenda-se uma relação transparente, sem esconder o jogo. Também é preciso ir no cliente sem pauta de trabalho. Só para bater um papo sobre banalidades. O cliente precisa sentir que a agência é uma aliada.

Quem atende deve ser capaz de pensar, planejar, criar soluções e decidir. Enfim, precisa fazer acontecer e gerenciar todo o processo, monitorando a equipe.

Antes de qualquer planejamento, o atendimento faz um diagnóstico do cliente: produtos e serviços, público, ações da concorrência, objetivos e metas, mercado etc. Além do cliente, ouve empregados, fornecedores, concorrentes, associações de classe etc.

Assessoria de imprensa

Geralmente o principal serviço de uma agência de comunicação é a assessoria de imprensa, cargo normalmente ocupado por jornalistas. O assessor de imprensa ampliou sua gama de responsabilidades.

Ele não faz só releases, notas e sugestões de pauta, mas também elabora políticas e estratégias de comunicação, gestão de crises, mídia training (treinamento de fontes), gestão do relacionamento com a mídia, criação e manutenção de salas de imprensa on-line. Pode, ainda, produzir textos de artigos de opinião e comunicados.

Inclusive elabora o plano de divulgação, indicando os vários aspectos: as atribuições da assessoria, justificativas, metas e objetivos, público direto e indireto, instrumentos de comunicação a serem utilizados, o método de trabalho e como serão avaliados os resultados.

Um assessor competente facilita a relação do cliente – empresa, personalidade ou instituição – com os veículos de comunicação. Cabe a este profissional orientar sobre pautas de interesse dos jornalistas e o nível de divulgação.

Também compete a ele mostrar ao cliente como funcionam os veículos, as necessidades e urgências dos repórteres, estando atento às oportunidades de divulgação.

O assessor deve agir como um aliado, seguindo a ética profissional e mantendo contatos permanentes com o cliente, para estabelecer uma relação de confiança estável.

Um dos principais patrimônios de uma agência é o nível de relacionamento com os repórteres e editores dos veículos.

Publicações

Outro serviço é o jornalismo corporativo, responsável pelas publicações impressas e digitais – jornal, boletim, mural, revista, newsletter pela internet, manual, relatório, perfil empresarial. Este também é um campo apropriado para os jornalistas, pois utiliza as técnicas de captar, hierarquizar e formatar as informações.

Qualquer publicação inicia com um projeto, onde constam os objetivos e justificativas. O planejamento deve indicar sugestões de nome, periodicidade, características gráficas, tiragem, distribuição e orçamentos.

Também consta do projeto a linha editorial, formação do conselho de pauta, perfil do público, forma de aprovação do texto e editoração, cronograma de implantação e por edição e formas de monitoramento (pesquisa).

É imprescindível acompanhar o projeto inicial, oferecendo sugestões de projetos gráficos da publicação e duas ou três ideias de leiautes.

Toda publicação deve ter "a cara" da organização que edita e seguir a sua política de comunicação, prevalecendo a ética corporativa, com informações verdadeiras, objetivas e de interesse do público a quem se destina.

Cada publicação segue uma política editorial, ou seja, uma linguagem própria, sua forma única de se comunicar com os leitores, mesclando os assuntos de interesse do público e da organização, desde que legítimos e relevantes.

A definição da pauta, normalmente indicada e aprovada por um conselho – formado pelo jornalista responsável, editor e funcionários indicados pela organização –, segue os princípios estabelecidos pela linha editorial.

O repórter coleta as informações com as fontes, reúne fotos e ilustrações, redige e, na maioria dos casos, edita e encaminha para a aprovação do cliente. Depois acompanha a diagramação e editoração, funções geralmente realizada por designers gráficos. Após a impressão, a organização distribui.

Eventos

Em se tratando de eventos, o planejamento envolve a definição de objetivos, públicos e estratégias para atrair o interesse. O plano prevê os recursos humanos, materiais e físicos. Também cuida da sua implantação, acompanhamento e controle, bem como a avaliação.

Todo plano deve ser acompanhado de orçamentos detalhados de fornecedores e *check list* indicando todos os recursos. Deve-se também criar um cronograma geral: uma tabela indicando as ações, os responsáveis e a situação. O planejamento deve prever, em detalhes, todas as etapas, pois todos os eventos acontecem ao vivo.

Embora haja empresas especializadas em eventos, cada vez mais é um serviço prestado pelas agências de comunicação. É o segundo serviço mais contratado pelas grandes empresas, 70%, conforme pesquisa da Aberje (2012).

O profissional habilitado para esta função é o relações públicas, embora também caibam a este profissional a assessoria e consultoria, planejamento, *lobby*, pesquisa e execução de outros trabalhos de comunicação entre a organização e seu público.

Há uma variedade de eventos, entre programas de visitas, concursos, feiras e exposições, encontros, palestras, simpósios, congressos, convenções, inaugurações, entrevistas com a imprensa, lançamentos, cerimoniais de posses de autoridades, coquetéis, comemorações etc.

Todo evento visa despertar atenção, reforçar a imagem da organização ou personalidade e aumentar a confiança dos diversos públicos.

Portanto, deve-se definir com clareza o objetivo, o público e a estratégia para atrair os participantes, além dos recursos humanos, materiais e técnicos.

Quem organiza eventos deve ser hábil no planejamento, organização, controle e avaliação, visando o bom relacionamento e a imagem da organização ou personalidade com seu público.

Comunicação digital

O mundo digital oferece inúmeras possibilidades de serviços e atuação das agências. Apresenta-se como o principal foco de crescimento no mercado, pois consolida-se como a plataforma para o relacionamento de organizações e personalidades com seus públicos e a sociedade.

Com a internet, as ferramentas virtuais estão relacionadas à maioria dos serviços e produtos de comunicação, presentes nos conteúdos para sites, blogs, podcasts, newsletters etc.

Uma das principais oportunidades está na gestão da reputação nas redes sociais: conteúdos, diálogo com os públicos e monitoramento do fluxo de informações.

Twitter, Facebook e YouTube seguem como as mídias digitais mais relevantes. O primeiro comporta notícias e textos, caracterizando-se pela urgência, agilidade, monitoramento e interação.

Enquanto o Facebook aceita imagens, notícias e promoções, permitindo comentários, enquetes, compartilhamento, "curtir" etc.

Estas mídias convivem na convergência de plataformas (computador, tablet, celular)e de conteúdos. Uma foto do Instagram migra para o Facebook, que interage com Twitter. Um vídeo do YouTube ou Vimeo se incorpora ao blog, Facebook etc.

Assim como o Orkut e Google+, são redes sociais de duração imprevisível, pois as novas mídias podem aparecer e sumir rapidamente. Em todas imperam a transparência, a interação e a velocidade.

A comunicação digital ainda não representa um grande percentual na receita das agências, pois são serviços que carecem de confiabilidade e, consequentemente, o cliente não está disposto a pagar um valor rentável.

Este é um campo interdisciplinar para jornalistas, relações públicas, designers gráficos, publicitários, profissionais de marketing e outras habilitações.

Comunicação interna

A maioria das agências não domina ou se interessa pouco pela comunicação interna. Ainda ocorre muita improvisação, devido ao baixo investimento e pouca importância que se dá à área.

Algumas agências são especialistas neste campo, a exemplo da Happy House Brasil, comandada pela Analisa de Medeiros Brum, autora de vários livros de "endomarketing" e a Santo de Casa, ambas de Porto Alegre.

Outras, mesmo tendo uma atuação em múltiplos serviços, contam com uma estrutura específica para trabalhos na comunicação interna.

Além de desenvolver serviços e produtos, a agência precisa planejar, em conjunto com a área de recursos humanos, as ações com o público interno, a partir de pesquisa e diagnóstico para perceber as necessidades do público interno.

Comunicação interna não é somente o "jornalzinho", embora o jornal continua sendo a principal mídia. Mas existem outras possibilidades: revista, jornal mural, intranet e redes sociais, rádio, TV, vídeo e manual de integração.

Pode-se desenvolver projetos de mensagens virtuais por e-mail, celular ou protetor de tela do computador, campanhas nos espelhos dos banheiros, display nas mesas do escritório e do refeitório, brindes etc.

Há demanda para a criação e gestão de programas especiais, como homenagens por tempo de serviço, eventos de prevenção de acidentes, saúde ocupacional, educação financeira.

Também se pode envolver a comunidade e os familiares nesses programas, bem como desenvolver projetos específicos de responsabilidade social, ambiental, educacional, esportiva e outros.

Mesmo desprezada pela maioria das agências, as organizações, notadamente as privadas, passaram a reconhecer o papel fundamental da comunicação interna, principalmente no aprofundamento das informações e no crescente poder de opinião dos empregados, rompendo as barreiras do que é interno e externo.

Pesquisa da Aberje (2012) mostra que 62% das grandes empresas contratam agências e outros fornecedores para a comunicação interna e buscam capacidade de planejamento conjunto (38%), planejamento e execução total (34%) e de tarefas planejadas internamente (28%).

Publicidade institucional e branding

A publicidade institucional pode ser realizada em parceria com uma agência de propaganda, para manter ou fortalecer a marca e a imagem do cliente.

Neste serviço estão incluídos a publicação de um perfil institucional, publicações legais e de balanços, bem como os informes publicitários ou notas oficiais.

Outra oportunidade está na gestão de marca ou *branding*. Pesquisa da Aberje (2012) indica que 40% das grandes empresas contratam fornecedores para esta atividade, sendo que 77% são agências especializadas.

Entre outras ações, a gestão de marca envolve patrocínios esportivos, culturais e sociais, forma de comunicação cada vez mais utilizada pelas empresas, principalmente pelo incentivo fiscal.

O patrocínio é uma ação promocional que associa a marca a um evento, ídolo ou atividade e funciona como esforço extra de comunicação, podendo envolver a imagem da empresa ou produto. O objetivo é fidelizar, encantar e consolidar relacionamentos.

Os profissionais mais qualificados são os publicitários e designers gráficos, que também podem atuar na definição e execução da identidade visual de organizações e personalidades, criando a programação gráfica – logotipo e sua aplicação em várias peças e locais.

Muitas outras funções estão associadas à comunicação. Uma delas é do designer ou produtor gráfico, que trabalha com desenho, ilustração, tratamento de fotos e editoração de textos e imagens, seja em materiais impressos ou multimídia (CD, internet, DVD).

Outros serviços

Há um grande avanço das agências na ampliação de serviços. Alguns deles são sofisticados e exigem elevado grau de especialização, como a gestão e consultoria estratégica de comunicação, que exige planejamento, análise e mensuração.

Também se inclui neste rol a criação e execução de programas especiais de ouvidoria ou *ombudsman*, bem como serviços de atendimento a consumidores (SACs), vinculados à comunicação.

Um serviço pouco considerado pelas agências é da memória empresarial. Mas, das grandes empresas que contratam este serviço, 93% buscam fornecedores especializados, de acordo com pesquisa da Aberje (2012).

A governança corporativa impõe a adoção de princípios éticos nos negócios. Por isso as empresas estão empenhadas em prestar contas, incluindo a obrigação de informar e explicar suas ações, decisões e políticas implementadas. Esta é mais uma oportunidade às agências.

Enfim, há uma série de serviços como *public affair* (diagnóstico político, com análise de tendências), *lobby*, programas de responsabilidade social e sustentabilidade, mensuração de resultados etc.

Visão do negócio

Nenhum vento sopra a favor
de quem não sabe para onde ir.
Sêneca

Para montar qualquer empresa ou fazer um plano é preciso ter uma visão estratégica do negócio. Esta é uma fase importante, embora desprezada por muitos.

A análise do ambiente possibilita identificar as oportunidades e os riscos presentes e futuros, que podem interferir no desempenho da agência.

Se o consumidor comum faz pesquisas prévias antes de comprar um produto, imagine uma empresa, onde está em jogo um volume significativo de capital e as próprias perspectivas profissionais do empreendedor.

Não basta uma boa ideia ou uma oportunidade passageira, o empreendedor precisa estar atento às variáveis do mercado.

Quase todos os negócios são influenciados por fatores externos, que envolvem aspectos políticos, legais, econômicos, sociais, tecnológicos, competição (concorrência) e as tendências de mercado.

Em geral, a empresa precisa monitorar estas forças, para identificar ameaças e oportunidades.

Como as demais empresas, a agência de comunicação depende do macroambiente para crescer e se desenvolver.

Macroambiente

O ambiente político, governamental e a legislação influenciam no desenvolvimento de uma agência de comunicação. Mudanças do modelo político, novas leis, regulamentações e alterações têm grande impacto.

As agências de comunicação são excluídas do Simples Nacional pela Lei Geral das Micro e Pequenas Empresas (Lei Complementar n° 123, de 14/12/2006), embora haja um movimento das entidades para a sua inclusão.

> *Art. 17. Não poderão recolher os impostos e contribuições na forma do Simples Nacional a microempresa ou a empresa de pequeno porte:*
>
> *IV – que preste serviço de comunicação.*

Isto representa o pagamento de aproximadamente dez tributos diferentes, além da informação de dados em diversas declarações e pagamentos em datas diferentes.

As agências precisam recolher, em média, 12% em tributos federais, 2% a 5% de ISS (conforme o município) e mais 28% (média) sobre a folha de pagamentos ao INSS e Fundo de Garantia. Se fossem incluídas no Simples Nacional, teriam uma redução superior a 45% na carga tributária.

Os diversos fatores macroeconômicos atingem uma agência, notadamente os ciclos de recessão e crescimento. Eles promovem variações negativa e positiva de renda e consumo, agindo como marés sobre a empresa.

Nesse cenário, apresentam-se o aumento do poder econômico asiático, a ascensão dos blocos econômicos, crises monetárias internacionais etc. Aliás, são nas crises econômicas que crescem os investimentos em comunicação corporativa e diminuem as verbas publicitárias.

Também há influência de fusões e incorporações de empresas, novos perfis e exigências dos consumidores.

Deve-se analisar ainda a sensibilidade aos preços, a concorrência, a lucratividade, a fidelidade dos clientes e a capacidade financeira.

Os aspectos econômicos proporcionam subsídios para um melhor posicionamento da agência, mudando inclusive a sua postura e perfil perante o mercado.

Qualquer organização, em especial uma agência de comunicação, deve considerar os avanços tecnológicos. Eles alteram a gestão do negócio, os custos e a qualidade dos serviços, principalmente.

A adaptação e uso de inovações tecnológicas refletem-se diretamente sobre a qualidade e agilidade dos serviços. São grandes os impactos das novas tecnologias de informação e comunicação: computadores, periféricos, softwares, internet, celular e suas derivações.

Acompanhar a evolução tecnológica requer capital e permanente atualização das novidades. Os computadores ganham em capacidade de armazenamento e velocidade de processamento.

A internet fica cada vez mais veloz. O celular consolida-se como o principal meio de convergência das mídias. Os softwares ganham novas versões. Por isso, os investimentos em tecnologia são indispensáveis.

Processo de comunicação

O cenário exige das organizações não apenas informação, mas uma comunicação dialógica, de via dupla e em constante movimento.

Aliados a isso estão as crescentes demandas por serviços especializados em comunicação para atender a diversidade do público, heterogêneo e complexo.

Bem ou mal, toda organização se comunica. Se ela não controla a emissão de suas mensagens, outros atores farão isso, comprometendo a sua imagem e reputação.

O desafio é construir e elevar uma imagem positiva de organizações, marcas e pessoas diante de seus públicos, do mercado e da sociedade, mesmo em momentos de crise.

Daí a necessidade do planejamento de um conjunto de políticas e estratégias de comunicação baseados em informações, conhecimento, vivências e saberes vinculados à organização.

Nesse ambiente caótico e globalizado cresce o número de agências multinacionais que se instalam no país ou formam alianças estratégicas, principalmente para atender marcas globais.

O sucesso de um serviço de comunicação está ligado ao ambiente sociocultural. Isto é, como os clientes percebem a necessidade da comunicação. Logo, conhecer bem as pessoas de contato dentro da organização, seus interesses e necessidades torna-se fundamental.

Por isso, a qualificação profissional, a estrutura e competências em serviços de comunicação são importantes impulsionadores – ou não – de uma agência. A comunicação é um processo de inteligência, que requer conhecimento específico e habilidade para os relacionamentos.

Neste cenário há vários indicativos: "juniorização" das redações de veículos, grande demanda de novos profissionais, valorização e especialização da comunicação interna e do relacionamento empresarial.

A localização da agência e de filiais são determinadas pela necessidade dos clientes.

Ainda, representam grande oportunidade de negócios a valorização da responsabilidade social e a ética nas empresas, bem como o crescimento da importância das organizações não governamentais.

Este ambiente requer um novo conceito de agência, que esteja apta à gestão da comunicação organizacional.

Inteligência competitiva

Inteligência competitiva abrange, além da coleta e sistematização de informações, o monitoramento da concorrência, identificação dos pontos fortes e fracos, ameaças e oportunidades.

A partir desse conhecimento pode-se estabelecer as estratégias para construir cenários favoráveis, reduzir as incertezas e adaptar-se a uma realidade em constante transformações.

As estratégias parecem a solução dos problemas das empresas, mas representam tão somente o que deve ser feito para alcançar os objetivos, que estão relacionados aos resultados pretendidos e à posição no mercado, principalmente.

Por isso é importante conhecer o mercado, reunindo informação sobre ele. Quanto mais conhecimento do mercado, maiores são as chances de sucesso.

É raro e improvável que alguém identifique uma oportunidade do nada. Geralmente estão relacionadas às experiências profissionais e sociais.

No mercado estão as oportunidades, que se tornam interessantes quando se transformam em resultados reais.

A maioria das agências começa prestando um único serviço. Mas, dependendo do perfil profissional dos sócios e conhecimentos adquiridos, passam a oferecer soluções complementares e sinérgicas à atividade.

Com um único produto aumenta-se a vulnerabilidade da agência, por isso é aconselhável diversificar os serviços e manter uma quantidade equilibrada de clientes.

Tipos de estratégias

Diz um ditado no meio empresarial que a estratégia "é quando a munição acaba, mas continua-se atirando, para que o inimigo não descubra que a munição acabou".

A estratégia empresarial tem por finalidade estabelecer os caminhos, os cursos, os programas de ação que devem ser seguidos para alcançar os objetivos e desafios.

"Estratégia" significa literalmente, "a arte do general" (do grego, *strategos*: general). Existem vários tipos de estratégias, consagrados por inúmeros autores.

> *Estratégia de sobrevivência: postura de redução de preços e custos, sem perspectivas de crescimento, pouco ou nenhum investimento. Em último caso, quando não há outra saída, fecha-se o negócio.*
>
> *Estratégia de manutenção: mantém a posição conquistada, com investimentos moderados para continuar estável (manter o equilíbrio financeiro), assumir e dominar um nicho de mercado ou a especialização em um serviço.*
>
> *Estratégia de crescimento: novos serviços, aumento do número de clientes, podendo optar pela expansão geográfica, parcerias e alianças estratégicas, expansão com aquisições de outras empresas ou criação de novas unidades de negócios.*

Estratégia de desenvolvimento: predominam os pontos fortes e as oportunidades, associados a novos mercados e clientes ou novas tecnologias, tendo uma conotação de mercado (mais vendas), de serviços diferenciados, financeira (mais capital), de capacidades técnicas ou de estabilidade (fusão ou associação).

As organizações são divididas em três níveis: estratégico, tático e operacional.

O estratégico está na cúpula. Os sócios e diretores traçam as diretrizes. É neste nível que ocorre o planejamento estratégico. O nível tático está nas gerências e seus diversos departamentos, onde são feitos os planos setoriais e, no nível operacional, onde ocorrem os processos.

Cabe ao nível estratégico fazer uma análise competitiva, um estudo dos pontos positivos e negativos da organização, dos concorrentes, fornecedores e parceiros.

A vantagem competitiva corresponde aquele algo mais que faz os clientes buscarem os serviços de uma agência em detrimento de outras. O negócio competitivo é aquele que faz o mercado acontecer.

Portanto, é um processo de inteligência competitiva, no qual os resultados estratégicos melhoram a imagem institucional; os resultados táticos melhoram os processos e os resultados operacionais mantêm o clima harmonioso e competitivo.

A competitividade força a inovação, o aprimoramento dos serviços, o aperfeiçoamento profissional e o fortalecimento das marcas (credibilidade, reputação e referência positiva).

Análise dos ambientes

A análise dos ambientes interno e externo é uma ferramenta usada para examinar uma empresa e aquilo que afeta seu desempenho.

Os pontos fracos e fortes são fatores internos; oportunidades e ameaças, externos.

Potencialidades e fragilidades

Ao analisar a agência pode-se descobrir seus pontos fortes e fracos e, a partir daí, criar seus diferenciais.

As fragilidades e potencialidades advém do perfil dos sócios e da equipe, principalmente. Na habilidade ou incapacidade de gestão da própria agências.

Um ponto positivo pode ser a parte técnica ou o clima que a agência imprime através de seus líderes e gestores. Uma força pode ser a competência para estabelecer e praticar estratégicas de comunicação, enquanto a maioria atua somente no operacional.

Pode ser o domínio ou não dos múltiplos serviços de comunicação, *expertise* ou inabilidade em determinada especialidade.

Ainda, capacidade ou incompetência para prestar serviços diferenciados, inovadores e de alto valor agregado. Bem como, a habilidade ou incapacidade técnica da equipe.

Também são pontos fortes e fracos a localização da agência, distante ou próxima ao cliente; igualmente as alianças estratégicas e rede de parcerias.

Ameaças e oportunidades

Uma das principais características do empreendedor é perceber no ambiente externo as ameaças e oportunidades. Existem barreiras para a entrada ou permanência da agência no mercado?

As agências de comunicação são muito parecidas. Portanto, saber fazer não é mais segredo nem vantagem. A técnica de apenas fazer o operacional pode ser uma ameaça se a empresa não adaptar os seus recursos (financeiros, tecnológicos e humanos).

Mas toda ameaça tem como antídoto uma oportunidade. O que falta na comunicação? O que pode ser aperfeiçoado? O que é novo e poderia interessar? Estas e outras perguntas simples levam a um processo de empatia (colocar-se no lugar do outro).

Imagine uma empresa que não conta com nenhuma estrutura ou serviços de comunicação. Para a maioria das pessoas, trata-se de uma empresa sem interesse pela comunicação, fechada. Mas pode ser um cliente a ser trabalhado e de grande potencial.

As ameaças estão também na elevada carga tributária, na prática predatória de preços no mercado, ações de novos e atuais concorrentes etc.

Aconselha-se estudar o perfil das agências concorrentes: há aquelas que têm foco na assessoria de imprensa, outras nas publicações e ainda em eventos. Mas não basta. É preciso analisar como realizam estes serviços e seus diferenciais.

Conhecendo as ações passadas e presentes de outras agências que atuam como concorrentes, é possível projetar e simular as atuações futuras. Compare a vantagem competitiva de cada um dos principais concorrentes, seus serviços e profissionais.

Portanto, a oportunidade identificada se transforma em negócio.

Posicionamento

Além de perceber os impactos do macroambiente, as forças e fraquezas, as ameaças e oportunidades, é importante posicionar a agência. O ponto de partida é a expectativa da proposta do negócio e o conhecimento do mercado em que está inserida.

Esta análise determina o posicionamento da empresa, que é decisivo para o seu sucesso. A essência dessa atividade é a formulação de uma estratégia, para o êxito do empreendimento.

Se o posicionamento não for bem estruturado o negócio não passará de uma proposta, de uma ideia sem valor real para o mercado. Exemplos de posicionamentos:

Atuar somente na prestação de serviços para um segmento;

Foco em apenas um serviço (assessoria de imprensa, eventos);

Oferecer todos os serviços de comunicação;

Atender empresas privadas ou públicas;

Estratégia de liderança, diferenciação, foco.

O posicionamento relaciona-se ainda à área geográfica de atuação, tipos de organizações a serem atendidas (instituições públicas, empresas de serviço e terceiro setor, indústria, comércio), bem como, a forma de atuar (único serviço ou múltiplos, especializada em um segmento ou vários).

Missão

A missão da agência deve ser definida com base na análise ambiental e no posicionamento. É a identidade, a razão de ser da empresa.

Ela identifica o negócio e quem somos. Dá o rumo. É motivadora. Tem foco no presente e no futuro.

A missão é uma declaração curta, objetiva e indica um caminho, um horizonte no qual a empresa decide atuar.

Para estabelecer a missão, deve-se fixar a ação em algumas questões: Qual é a razão de ser da agência? Qual a natureza do seu negócio? Em quais atividades a empresa deve concentrar esforços no futuro?

As respostas a estas perguntas provocam a definição das áreas de atuação prioritárias e o consenso quanto aos esforços e aplicação de recursos.

Deve-se fugir de definições óbvias (prestar serviços de comunicação) e evasivas (atender às necessidades dos clientes). Uma missão deve ser criativa, orientadora e delimitadora da ação empresarial.

Após o estabelecimento da missão, fica mais fácil definir os objetivos e metas. Confira alguns exemplos de missões de agência de comunicação:

Oferecer soluções de comunicação com base em práticas de excelência, ética e profissionalismo.

Contribuir para que empresas e instituições aumentem a sua competitividade no mercado global.

Dar valor e visibilidade aos clientes para que sejam reconhecidos pelos seus públicos e a sociedade.

Tornar os clientes mais admirados no mercado e na sociedade.

Visão

Além da missão, é importante estabelecer a visão do negócio. Refere-se àquilo que se sonha para a agência, ou seja, no que deseja se transformar.

Embora seja vaga como um sonho, a visão deve ser precisa como uma meta, que se articule com as expectativas de um futuro realista, digno de crédito. Reflete as suas aspirações e crenças.

A visão indica para "aonde vamos" e projeta "quem desejamos ser", por isso se focaliza no futuro. É definida de forma ampla, objetiva, positiva e alentadora. Inspira e energiza a agência.

Por tratar-se de uma projeção, é mutável, muda conforme os desafios.

A visão deve partir do empreendedor e dos gestores, de suas aspirações, mas precisa corresponder à realidade. Visões fantasiosas geram apenas confusão e alienação dos envolvidos.

Embora possa parecer simples, a definição da visão exige um grande trabalho de reflexão dos dirigentes. Há certa confusão entre missão (razão de ser), visão (sonho) e valores (princípios). Exemplos de visão:

Ser uma referência em comunicação inteligente.

Ser reconhecida como agência que atende todas as necessidades de comunicação de seus clientes.

Ser o primeiro nome quando se fala em comunicação de excelência.

Ser a maior agência de comunicação do Estado em cinco anos.

Deve-se estabelecer apenas uma visão. Ao atingir aquele desafio, estabelece-se outra e assim sucessivamente.

Normalmente não se divulga a visão, mas deve-se informar aos funcionários, parceiros e fornecedores, para que eles contribuam na conquista do que foi proposto.

Valores

Além da missão e visão, a agência deve saber quais são os seus valores, princípios empresariais e éticos.

Ao contrário da missão e visão, onde se pode estabelecer as características, objetivos e metas, os valores estão na cultura, nas atitudes e no clima organizacional. Trata-se da personalidade e caráter da empresa.

Valores não significam o que a agência pretende ser ou alcançar, mas o que realmente ela pratica. Por exemplo, mesmo que uma agência queira ser ética, mas sonega impostos, faz concorrência desleal ou não respeita contratos, ela não segue os valores éticos.

Certo fez a agência Brother Cast, que publicou no site os seus valores – pontualidade, transparência, aprendizagem e empatia –, acompanhados de uma relação de clientes (nome, cargo e telefone de contato) com a seguinte sugestão: "Pergunte aos clientes desta lista se praticamos estes valores".

Embora pareçam irrelevantes, os princípios, a ética, a conduta e até a omissão são cada vez mais percebidos pelos clientes e a sociedade. Aliás, a bem da verdade, os valores refletem a personalidade dos sócios, pois são eles os inspiradores da conduta da empresa.

Alguns exemplos de valores: ética, lealdade, honestidade, transparência, respeito, comprometimento, pontualidade, empatia, aprendizagem, parceria, inovação, unidade, ousadia, valorização das pessoas, tenacidade, criatividade.

Políticas

As políticas empresariais representam parâmetros e orientações que facilitam a tomada de decisões. Elas procuram refletir e interpretar os objetivos e desafios, estabelecendo as bases para serem alcançados e mostrando às pessoas o que elas podem ou não fazer para ajudar a alcançar os objetivos e desafios.

Uma política não é apenas uma formalidade, mas um guia útil para explicitar estratégias e estabelecer a direção da equipe. As políticas podem ser classificadas da seguinte forma:

Políticas estabelecidas pelos sócios para orientar a equipe em seu processo de decisão.

Políticas solicitadas pela equipe aos sócios, para obter orientações sobre como proceder em determinadas situações, geralmente operacionais.

Políticas impostas pelo ambiente externo (governo, sistema financeiro, sindicatos, sistemas de qualidade).

As políticas podem ser escritas ou orais e às vezes são implícitas (não são faladas nem escritas). Para que uma política seja eficaz ela precisa ser flexível (a empresa está em constante interação e em certo momento precisa mudar), abrangente (sob vários aspectos e dificuldades), coordenada e ética.

A Abracom (2012) instituiu um código de ética, com princípios e boas práticas que servem como referência de políticas nas relações da agência com seus clientes, fornecedores, concorrentes, imprensa e funcionários:

> Relações com clientes: dar informações referentes ao trabalho (atribuições, abrangência do serviço, compromissos e responsabilidades profissionais), recusa de contratos que firam a dignidade da agência, sigilo das informações confiadas à agência nem uso de dados estratégicos, não compactuar com briefing mentiroso, atuar com transparência, respeitar a estrutura do cliente e não se apresentar como seu representante sem a devida autorização.
>
> Concorrência: não prospectar clientes já atendidos por outras agências em serviços semelhantes; não recrutar profissionais para obter informações privilegiadas, não copiar projetos, prática de concorrência transparente e lícita sem vantagens escusas, não praticar preços aviltantes ou *dumping*, colaborar quanto a conceitos e critérios.
>
> Imprensa: respeitar os códigos de conduta dos veículos de imprensa, preservando a profissão do jornalista; não disseminar informações falsas e enganosas nem praticar formas de abordagem dos jornalistas que comprometam a imagem do setor.
>
> Funcionários: ambiente de trabalho com responsabilidade profissional, busca de aperfeiçoamento de conhecimentos e atitudes para melhoria constante de competências e bem-estar; conduta respeitosa e responsável; preservação da saúde, integridade física e psíquica e não é recomendável a atuação profissional simultânea em veículo e na agência.
>
> Fornecedores: preferência por empresas cidadãs, de boa reputação e adeptas às práticas de responsabilidade social; relações pautadas pela transparência, pelo respeito aos contratos, desenvolvimento técnico e equilíbrio financeiro.

Conquistar e manter clientes

Atitude estratégica é olhar
o presente a partir do futuro.
Sirlei Pitteri

Onde encontrar clientes? Como conquistar e manter clientes por um longo período? Como negociar um contrato vantajoso para ambos os lados? Estas são questões perturbadoras, para os quais muitos dirigentes de agências não têm as respostas.

Assim como qualquer empresa, uma agência de comunicação, inserida em um mercado competitivo, precisa utilizar ferramentas eficazes de administração para crescer e se desenvolver.

Isto é, deve planejar e executar ações inteligentes, de promoção e distribuição de ideias; firmar preços competitivos e criar uma percepção positiva e real de uma prestação excelente de serviços.

Outro fator essencial são as pessoas. Qualquer agência tem sua imagem fortemente marcada pelos seus profissionais. Por isso, a equipe deve estar treinada, preparada e motivada para desenvolver o melhor serviço.

Em uma agência de comunicação, a comercialização engloba uma série de fatores, desde a ética profissional até as habilidades e conhecimentos.

Vender uma promessa ou algo intangível se torna realmente difícil, mas é inevitável para qualquer agência, pois o seu desempenho econômico depende da comercialização.

A venda e a oferta de serviços de comunicação ao mercado requerem habilidades e empatia na apresentação das vantagens e dos benefícios dos serviços.

Geralmente os profissionais de comunicação voltam-se para metas, produção e difusão. Não são formados para lidar com os desafios da administração empresarial, do gerenciamento financeiro e da comercialização dos seus serviços.

Tão ou mais importante que conquistar é manter o cliente e crescer dentro da organização atendida.

Conquistar um cliente ou um novo contrato de serviço demanda tempo e negociação entre as partes.

Antes de contratar uma agência, certamente o cliente também avalia a criatividade, o pensamento estratégico, a inovação, a inteligência e o comprometimento com os resultados.

A Abracom publicou o guia *Como escolher uma agência de comunicação*

(Cadina, 2007) para auxiliar as organizações na hora de contratar os serviços de uma agência. Para receber basta solicitar ou baixar pelo site da entidade.

Enfim, conquistar um cliente exige um trabalho estratégico de planejamento, estudo detalhado da organização e a apresentação de uma proposta vencedora, igualmente vantajosa para a agência e o cliente.

Serviços de comunicação

Como vimos anteriormente, uma agência de comunicação presta serviços especializados: assessoria de imprensa, organização de eventos, publicações, conteúdos digitais, comunicação interna etc.

Os serviços são intangíveis e não ocorre transferência de propriedade. Por isso, são difíceis de padronizar e necessitam de uma abordagem diferenciada. É preciso descrever cada serviço de forma objetiva: função, atributos, itens tecnológicos agregados e características especiais.

A comunicação é percebida pela sua qualidade técnica, ou seja, serviços excelentes, constantes e entregues no prazo. Para uma organização ou personalidade que queira contratar uma agência, a percepção antecipada da excelência dos serviços será decisiva na hora de escolher esta ou aquela agência.

A comercialização de serviços de comunicação exige uma visão clara e autocrítica à oferta apresentada. Envolve a análise de vários fatores, como as práticas dos concorrentes diretos, custos competitivos, perfil do cliente, região, poder de argumentação comercial e habilidade em vendas.

Em geral, quem vende prestação de serviço oferece garantia de esforço e quem compra quer retorno e faz uma análise entre custo e benefício.

Nenhuma agência pode garantir resultados financeiros às ações de comunicação, embora seja possível atender metas, objetivos e estratégias.

O comprador quer a transferência de responsabilidade, segurança e a certeza de resultados positivos no futuro. Em qualquer serviço de comunicação, o cliente quer que as suas expectativas e necessidades sejam atendidas.

O resultado da comunicação é como a pesca: se usar o anzol correto, no lugar certo, com a isca apropriada, provavelmente será uma boa pescaria, apesar de haver muita estória de pescador, compara Bueno (2009).

Como prospectar

Embora não seja fácil prospectar clientes, neste segmento existem algumas pistas de como identificar e encontrar novas contas.

Na maioria dos casos, ainda são os clientes que encontram as agências e não o contrário, devido às enormes oportunidades de mercado.

Em geral as empresas têm vendedores. As agências de propaganda contam com a figura do atendimento, que também prospecta clientes. Mas uma agência de comunicação conta basicamente com o trabalho dos sócios.

Poucos se sentem confortáveis neste papel. Mas, mesmo não gostando, deve-se fazer com competência, porque é do seu interesse e não se pode terceirizar cliente. Não se trata de sair por aí, batendo de porta em porta. Prospectar exige estratégia.

O segredo está na promoção contínua da agência em reuniões sociais, familiares, conversas informais, apresentações em entidades de classe, palestras em universidades. Não importa a hora ou lugar, mas deve-se evitar exageros, para não perturbar as pessoas. Usa-se o bom senso e a moderação.

Essa interação deve ocorrer naturalmente e um eventual contrato é uma consequência. O importante é posicionar-se na mente do *prospect*, para que a agência seja a primeira opção na sua lembrança.

Consegue-se isso compartilhando interesses comuns, sem forçar nenhum tipo de interação ou ser falso nos relacionamentos.

Muitos dirigentes de agências perdem as oportunidades de interagir com seus possíveis futuros clientes, por não frequentar os mesmos eventos e lugares. Afinal, atrás de qualquer pessoa jurídica existem pessoas físicas que decidem.

A ideia é criar uma rede, chamada de *networking*, para estabelecer relações vantajosas. Significa estar rodeado de pessoas que desejam o seu sucesso, dispostas e capazes a ajudar.

Todo esse trabalho tem um propósito: a indicação! Esta é a grande charada para conquistar novos clientes. O QI – quem indica – talvez seja a mais poderosa ferramenta de prospecção.

Um cliente pode indicar outro. O ex-cliente é o indicador de negócio ideal. Imagine a força! Não se atendendo mais, mesmo assim ele recomenda os seus serviços. Por isso é importante sair sempre pela porta da frente.

Outra forma eficaz de prospecção é através de agências de propaganda. Afinal, se uma organização investe em publicidade, está naturalmente disposta a usar outras ferramentas de comunicação.

Mas algumas agências de propaganda impõem um percentual de comissão sobre o serviço a ser prestado pela agência de comunicação ao cliente que ela atende. Isto é incompatível, pois não se trata de um fornecedor, conforme previsto em lei, mas de uma parceria.

Afinal, a partir desta indicação, a agência de propaganda não terá nenhum controle sobre o serviço prestado nem do relacionamento com o cliente e, mesmo que ela perca a conta, continua-se o atendimento.

Alguns materiais de apoio ajudam na prospecção. Começa por um nome sugestivo, um logotipo compreensível e uma programação visual agradável em cartões de visitas, envelopes, papel carta, nota fiscal, placas de identificação, sinalização, site etc.

Um folheto institucional é essencial para a apresentação da agência, devendo conter um pequeno perfil (histórico, sócios, missão, valores), produtos e serviços (assessoria de imprensa, publicações, eventos, comunicação interna), relação de clientes atuais e atendidos e as formas de contato (endereço, telefone, site, e-mail, endereços nas mídias sociais).

O site é uma ampliação deste folheto, permitindo atualizar as informações. Nele podem constar informações dos clientes (perfil, fontes, releases). *Cases* e depoimentos de clientes contribuem para a credibilidade.

Clientes potenciais

Embora qualquer organização e personalidade seja um possível cliente, existem alguns potenciais, conforme o perfil e a estratégia da agência.

Para cada porte e estágio de empresa existem clientes adequados. Por exemplo, uma microagência, que esteja entrando no mercado, com sócios inexperientes, provavelmente não conquistará uma grande indústria.

Uma agência novata encontra grandes possibilidades de negócios em entidades (associações, sindicatos, clubes), ONGs, personalidades e prestadores de serviços.

Comumente, as pequenas e médias e com experiência no mercado têm um campo fértil em instituições de ensino, federações, shoppings, comércio, médias indústrias e empresas de serviços em geral.

Para as agências grandes e desenvolvidas sobram bancos, grandes indústrias, redes de comércio varejista, as maiores empresas de serviços e o setor público.

Obviamente que não existe uma divisão rígida e nada impede que uma agência pequena atenda uma grande indústria.

As organizações civis e não governamentais, personalidades e prestadoras de serviços são as principais contratantes de agência, pois a sua finalidade é intangível e necessitam da comunicação para se tornarem percebidas pelos seus públicos.

As indústrias têm necessidades de uma gama maior de serviços de comunicação para construir uma imagem positiva e sua reputação perante seus funcionários e uma variedade de públicos (*stakeholders*).

O comércio é o setor que menos contrata, prefere as agências de propaganda, pois seu foco é a venda imediata, embora não possa descuidar do relacionamento com consumidores, fornecedores e funcionários, principalmente.

Mesmo sendo o setor que mais utiliza as ferramentas de comunicação organizacional, o serviço público ainda contrata pouco as agências de comunicação, prefere manter um departamento específico.

Antes, os órgãos públicos contratavam por licitação pública, regulamentada pela Lei nº 8.666, promulgada em 1993, quando as agências de comunicação ainda não tinham tanta representatividade.

A referida lei mencionava apenas o termo "publicidade" para a contratação de prestação de serviços. Embora não restringia os contratos diretos de agências de comunicação, mas por ser genérica, gerava dúvidas.

Por isso, no passado os contratos eram firmados pelas agências de propaganda, que subcontratavam agências de comunicação para a prestação de serviços especializados.

Em 2005, o Tribunal de Contas da União (TCU), no rastro das investigações de contratos publicitários guarda-chuva, analisou as subcontratações de serviços de comunicação corporativa, notadamente de assessoria de imprensa.

Neste período, a Embratur, por intermédio da Secretaria de Comunicação (Secom) da Presidência da República, deu um passo decisivo ao licitar serviços de comunicação separados das agências de propaganda, tendo a Abracom como interlocutora.

O contrato vencido pela FSB e Máquina PR estabeleceu marcos legais para outras licitações e para a emissão do Acórdão nº 2062/2006 do TCU, definindo a contratação direta das agências de comunicação pelos órgãos públicos.

Em 2008 a Secom da Presidência da República emitiu uma norma regulatória definindo a separação entre publicidade e comunicação corporativa e promoveu uma concorrida licitação de R$ 15 milhões por ano, vencida pela CDN, para divulgar o Brasil no exterior, por 5 anos.

A situação foi parcialmente resolvida com a Lei nº 12.232, em 29 de abril de 2010, de autoria do deputado federal José Eduardo Cardozo. A Abracom e o mercado buscam uma legislação específica para a licitação de agências de comunicação.

A lei que regulamenta as licitações para a escolha de agências de propaganda, vetada a inclusão de serviços de comunicação, especialmente assessoria de imprensa e eventos, que devem ser contratados por meio de procedimentos licitatórios próprios.

Mesmo ainda restritas às grandes agências, as licitações diretas abrem espaços para que os órgãos públicos, em todas as esferas, contratem diretamente as agências de comunicação de todos os portes.

Diante dessa perspectiva, as agências começaram a se capacitar para atender o poder público como uma nova fronteira de prestação de seus serviços. O que era uma prática pontual torna-se um padrão, a par da legislação.

Afinal, a comunicação pública precisa, cada vez mais, garantir transparência, acesso ágil à informação, ações comunicacionais segmentadas e busca fornecedores capacitados às múltiplas ferramentas de comunicação.

As principais inconveniências das licitações e concorrências públicas: dificuldade de acompanhar as publicações dos editais nas diversas esferas do serviço público; excesso de burocracia dos editais, que exigem documentos e tempo na preparação das propostas; competição pelo menor preço, o que pode banalizar as soluções de comunicação; rigor nas formalidades na entrega das estratégias de comunicação. Embora, contraditório, essas "desvantagens" são garantias de transparência e lisura nos contratos.

Onde estão os clientes?

Qual o local ideal para um contato preliminar? A quem procurar? Parece uma incoerência, mas os clientes potenciais não estão em suas organizações. Ninguém em sã consciência contrata serviços de comunicação como se compra parafusos.

Presume-se que um contrato de serviços de comunicação tenha uma longa duração, de anos, por isso há um "longo namoro, tendo em vista um casamento duradouro".

Entrar pela porta do marketing é um dos principais erros, pois seu foco é vendas, seus olhos veem essencialmente clientes e consumidores.

Com o contrato subordinado ao marketing, a agência fica amarrada na promoção de produtos e serviços. Isso é propaganda.

Comunicação é bem mais que isso, ela enxerga a floresta e não apenas uma árvore. Isto é, a comunicação organizacional trabalha uma diversidade de públicos, chamados de *stakeholders*, e a sociedade em geral.

Então, qual é a porta certa de entrada? Da presidência. "Mas aí complica", alguém pode desdenhar, "ele tem mais o que fazer". Talvez seja difícil apresentar a agência diretamente ao presidente.

Pesquisa da ABA-ESPM comprova que em cerca de 70% das organizações, em 2006, a comunicação estava diretamente vinculada ao principal executivo. Cinco anos antes, este percentual não chegava a 50%.

Conforme estudo da Aberje (2012), em 78% das grandes empresas a comunicação está estruturada no nível gerencial (25%), diretoria (39%), superintendência (7%) e vice-presidência (7%).

Vencer a barreira da secretária e do batalhão de assessores pode ser uma luta inglória. Mas há formas eficientes de se chegar lá.

A mais eficaz é da indicação. Mas o contato inicial pode ser na entidade de classe, no clube, em uma feira, reuniões sociais. Neste primeiro momento deve-se ater às apresentações, com a troca de cartões de visita e uma pergunta:

"posso ligar?"

Quebrado o gelo, é hora de manter o primeiro contato profissional com o propósito de conhecer a organização e apresentar uma proposta.

Diagnóstico

Tudo bem, a agência prospectou um cliente e ele solicitou "um orçamento", ou melhor, está disposto a receber a sua proposta. A primeira coisa que o cliente deseja saber é o preço. Porém, esta será a última informação que ele terá.

Antes de qualquer proposta, deve-se fazer um diagnóstico da organização, que é bem mais completo que um simples *briefing*, muito utilizado pelas agências de propaganda.

Muitas organizações e personalidades não sabem exatamente o que necessitam e têm uma ideia distorcida de comunicação, geralmente com foco apenas em propaganda e assessoria de imprensa. É necessário detectar falhas na comunicação que o cliente ainda não sabe resolver.

Na maioria das vezes também desconhecem as vantagens de um processo de comunicação integrada e estratégica. Simplesmente querem "um lugar ao sol".

Então com uma lupa, é hora de vasculhar cada detalhe: buscar informações no site da organização, embora nem sempre sejam confiáveis; entrevistar diretores, gerentes, empregados das áreas de recursos humanos, vendas, marketing, financeiro, empregados comuns, vendedores.

Recomenda-se extrapolar os muros da organização, falando com seus fornecedores, clientes, consumidores, concorrentes, autoridades, jornalistas.

Aliás, cabe inclusive uma auditoria de imagem, uma pesquisa para conhecer a opinião dos jornalistas sobre a organização ou personalidade. Segundo pesquisa do *Comunique-se* (2006), mais de 90% dos jornalistas aceitam participar.

Nesta auditoria devem constar questões sobre a percepção do jornalista em relação à organização ou personalidade. Por exemplo, qual a principal imagem ou percepção que o jornalista tem?

Outro questionamento se refere à marca mais lembrada no segmento do cliente. Outras perguntas podem versar sobre a agilidade em responder às solicitações da imprensa; a prontidão e o preparo das fontes; a transparência no relacionamento etc.

Este mesmo questionário pode ser aplicado periodicamente, anual ou bienalmente, para fazer um comparativo e analisar os avanços e, eventualmente, os retrocessos.

Embora não exista um roteiro de diagnóstico - depende da organização ou da personalidade, bem como as possibilidades de comunicação -, alguns aspectos básicos precisam ser levantados.

Cadastro: razão social, CNPJ, contatos (endereço, telefones, site, e-mails), sócios, fornecedores, principais clientes.

Histórico: cronologia dos eventos mais importantes.

Princípios: missão, visão, valores.

Planejamento estratégico: metas, objetivos, diretrizes, posicionamento, políticas (comercial, fornecedores, clientes, empregados, governos, comunidade).

Cultura e clima organizacional: crenças, ritos, estórias, mitos, tabus, normas.

Produtos e serviços: formas de utilização, características e benefícios.

Posicionamento: percentual de participação no mercado (*market share*), segmento que atua, percentual de vendas por região, concorrentes.

Públicos prioritários: clientes (segmento), consumidores (faixa etária, classe social), fornecedores (tipos de produtos e serviços), empregados (quantidade por unidade, média de idade, grau de instrução), comunidades no entorno (classe social, economia, entretenimento), acionistas, entidades de classe, governos etc.

Perfil dos administradores: nome, cargo, carreira na organização e experiências anteriores, formação, passatempo, estado civil, idade (presidente, diretores, gerentes).

Além do diagnóstico geral, é essencial que se conheça os seus programas, produtos, políticas e planos de comunicação, atuais e anteriores, bem como as suas expectativas.

Política de comunicação: conceitos e princípios básicos (objetivos, diretrizes, focos, públicos de interesse).

Ações e estratégias: modelo, canais utilizados, projetos, sistemas.

Estrutura: perfil do setor interno de comunicação (posição no organograma, equipe e sua formação, atividades).

Agências anteriores: produtos e serviços prestados, período, pontos fortes e fracos.

Expectativas: modelo, serviços, produtos, projetos, programas, procedimentos, dilemas, desafios.

A proposta

A partir do diagnóstico, faz-se o cruzamento e análise das informações para propor serviços, produtos, programas e projetos de comunicação.

O possível futuro cliente precisa saber com quem está falando. A primeira etapa é a apresentação da agência.

Perfil da agência: nome, localização, histórico.

Equipe: sócios e profissionais (formação, experiência).

Produtos e serviços: assessoria de imprensa, publicações, comunicação interna.

Clientes atuais e atendidos: serviços prestados.

Cases com depoimentos de clientes atuais e anteriores.

Parcerias e fornecedores: freelancer (jornalista, RP), fotógrafo, empresas de clipping e mailing.

Após apresentar sucintamente a agência, aconselha-se fazer uma análise do diagnóstico realizado, mostrando principalmente as debilitações e possibilidades de comunicação.

Nesta hora se dá preferência às percepções de clientes, fornecedores e empregados. As organizações e personalidades valorizam, e muito, o que os outros pensam delas.

Relata-se comentários de jornalistas, sugestões e reclamações de consumidores, opiniões dos empregados para melhorar a eficiência da comunicação e inclusive comentários de concorrentes.

O teor do diagnóstico serve para estruturar a proposta de produtos e serviços a ser apresentada, recheada com uma série de informações consistentes sobre objetivos, metas, abordagem, forma de avaliação.

Deve-se apresentar uma proposta com todas as possibilidades de comunicação e não apenas um produto ou serviço. O cliente sempre cortará um ou mais, e nunca, acrescentar.

Esta gama de serviços devem ser coerentes, demonstrando o propósito de trabalhar a comunicação de forma integrada e estratégica. No entanto, apresenta-se cada serviço com valores separados.

A seguir, o escopo de dois serviços. Não se trata de modelos rígidos, a intenção é indicar itens que podem ser tratados.

a) Assessoria de imprensa e relações com a mídia:

Objetivos e metas: o que se pretende (fluxo constante de informações, ampliar a credibilidade, melhorar da imagem positiva, enfatizar os diferenci-

ais, divulgar ações inovadoras, agregar valor à marca, tornar a organização mais admirada etc.).

Justificativas: porque se deve investir na assessoria de imprensa

Atribuições da agência: relacionar todas as possibilidades, senão o cliente acha que se trata apenas de distribuição de releases.

Instrumentos: entrevistas exclusivas, visitas de jornalistas, distribuição releases, notas e sugestões de pauta.

Materiais de apoio: produção de kit impresso e sala de imprensa no site, definição e formatação da listagem (mailing) de veículos e jornalistas, indicação de fornecedores de clipping.

Mídia preferencial: nominar os veículos prioritários por tipo (jornal, rádio, TV, internet), programas, colunas. Eventualmente pode-se classificar por peso, de 1 a 10.

Mídia training: evento que potencializa o trabalho da assessoria de imprensa e melhora o desempenho das fontes no relacionamento com a mídia. Geralmente, inclui-se uma palestra rápida de um jornalista para falar do seu dia a dia e do que espera das fontes. Além deste evento o assessor precisa ser um treinador (coach) permanente das fontes.

Gestão de crise: indicação de contingências com as ações por etapa (antes, durante e depois de cada crise).

Mensuração de resultado: a maioria das assessorias não tem o hábito de medir o retorno. É essencial avaliar e mensurar os resultados, para valorizar o trabalho e possibilitar que o cliente perceba os ganhos. A mensuração deve ir além de um simples relatório com o recorte das matérias publicadas.

Cronograma dos primeiros meses, indicando as atividades iniciais.

b) Jornal interno:

Objetivo: propósito do jornal (estimular a participação, promover a integração, ampliar o diálogo, disseminar ideias, promover oportunidade).

Atribuições: área de recursos humanos (pautas, políticas e distribuição), agência de comunicação (sugestões de pauta, reportagens, fotos, edição, supervisão da diagramação e acompanhamento gráfico) e de terceiros (fotógrafo, designer gráfico, gráfica).

Título do jornal: sugestão de nomes ou concurso para eleger o título.

Periodicidade: quinzenal, mensal (no mínimo), bimestral, trimestral.

Cronograma anual: indicação dos dias das reuniões de pauta, entrevistas e fotos, redação e edição, aprovação de texto, diagramação, impressão e distribuição.

Características gráficas: tamanho, número de páginas, cores, tipo de papel e gramatura, acabamento.

Conselho editorial: integrantes (jornalista responsável, funcionários de Recursos Humanos e demais conselheiros por setor da organização).

Política da linha editorial: diálogo aberto com os funcionários, valorização, a integração entre os funcionários e a família, texto direto e bem-humorado.

Projeto gráfico: visual agradável, colorido, predominando as cores da organização, privilegiar as fotos de pessoas. Destaque para os títulos e texto em duas a quatro colunas.

Tiragem: correspondente ao número de funcionários, parceiros, terceirizados e outros.

Distribuição: estabelecer um dia, com entrega na saída dos funcionários.

Monitoramento dos resultados: mensalmente os integrantes do conselho editorial devem informar a receptividade da edição anterior, assuntos mais comentados, sugestões de pautas e críticas. Aplicar anualmente uma pesquisa de opinião qualitativa e quantitativa, abordando os assuntos veiculados, a linguagem, o projeto gráfico, entendimento, índice de leitura e conceito (nota).

Pauta: primar por assuntos de interesse dos leitores, formativos e que promovam os valores, a missão e valorize a cultura interna.

Texto e imagens: primar por títulos objetivos, diretos, curtos e que resumam o tema da matéria. O texto deve ser curto, com linguagem coloquial; as fotos transmitir atitudes e serem dinâmicas (evitar as posadas), primando pelo valor informativo, nitidez e bom humor. Acrescentar informação às legendas e não somente a identificação.

Fontes: variar, evitando-se o destaque para diretores, gerentes e supervisores, que serão enfocados em matérias de cunho estratégico.

Aprovação: os textos serão aprovados pela área de recursos humanos, sendo que as fontes não terão acesso à matéria antes da sua publicação. A diagramação será aprovada pela área de comunicação e a supervisão do jornalista responsável.

Custos de terceiros: diagramação, fotógrafo, gráfica e distribuição. Os valores da agência são apresentados à parte.

Apresentação e negociação

Formatada a proposta, chegou a hora da sua apresentação ao cliente, a ser feita à alta administração e, eventualmente, para a equipe interna de comunicação.

A apresentação deve ser um show, feita pelos sócios, utilizando recursos tecnológicos (projetor multimídia), com telas criativas, vídeos, bem como material impresso encadernado, acompanhado do portfólio da agência e cartões de visitas dos profissionais presentes.

Algumas agências cometem um erro grosseiro, enviam o "orçamento" por e-mail, isto desmerece a proposta, o cliente, a agência e seus profissionais. Desta maneira, ter uma proposta aprovada seria como ganhar na loteria sozinho.

Durante a apresentação deve-se observar as reações dos presentes. Aquele que questiona, faz observações, interfere, demonstra interesse. É um bom sinal. No entanto, se a plateia fica muda, provavelmente a proposta não interessa.

Terminada a apresentação é hora de negociar. Todas as pessoas negociam. Acontece todo dia, o tempo todo. Negociar é o consenso daquilo que é justo para os dois lados. Toda negociação é diferente, mas um elemento não se altera, a conversa, não importa por qual meio.

Normalmente há uma saudável barganha, na qual cada lado busca uma solução favorável. Às vezes isso pode levar a acordos insensatos e ineficazes, que podem colocar o relacionamento em risco.

Portanto, antes de qualquer negociação, precisa haver um preparo. Afinal, bons argumentos vencem a subjetividade.

O professor William Ury, da Universidade de Harvard, diz: "Tornar-se um bom negociador requer paciência. Não se aprende da noite para o dia. A chave é a disciplina. Na prática, os mais calmos se saem melhor".

Ele criou um eficiente sistema de preparação para qualquer apresentação de proposta ou negociação.

> Objetivo: o motivo comum no processo de negociação. Quais os desejos, necessidades, preocupações e os temores? O que é importante para cada lado? As dificuldades aumentam quando não há interesse comum.
>
> *Alternativas: diferentes maneiras ou soluções para atingir o objetivo. O negociador não pode se fixar em uma posição, pois ela pode finalizar a negociação. Devem-se apresentar gradativamente alternativas, maneiras e solu-*

ções diferentes, para fechar o acordo.

Legitimidade: avaliação de quão justa é a proposta. "Se o interlocutor fizesse a mesma proposta eu acharia justa?" Respondendo honestamente, evita-se o desgaste.

Relacionamento: é diálogo. Deve-se ouvir o outro lado, evitando discordar frontalmente, mas ponderando a sua posição, evitando compromissos que serão inviáveis de cumprir.

Conclusão: em uma negociação deve-se ter a concordância de cada ponto. É preciso ter um acordo preliminar sobre alguns pontos. Ao final, deve-se deixar claro: negócio fechado!

Em um mercado competitivo, o que se busca são parcerias de longo prazo. Em qualquer negociação existem maneiras simples e práticas de estabelecer uma mútua confiança entre os negociadores. Algumas são óbvias, mas geralmente esquecidas:

Fazer concessões: saber o que é essencial, necessário e importante, abrindo mão daquilo que não traz prejuízo à agência. Isso demonstra interesse no sucesso do acordo.

Criar vínculo de dependência: demonstrar as competências da agência para um acordo de longo prazo.

Usar a reputação dos dirigentes: as principais negociações devem ser conduzidas pelo sócio ou diretor da agência, com autonomia e poder de decisão.

Ser transparente: clareza, objetividade e concisão são fundamentais.

Falar a língua do interlocutor: evitar os jargões da comunicação e usar a empatia.

Maximizar os ganhos: os dois lados precisam ganhar. Quando o acordo é firmado em bases justas, permite a continuidade.

Manter clientes

Ao contrário das agências de propaganda que desenvolvem campanhas e trocam com maior assiduidade seus clientes, as agências de comunicação atuam na perspectiva de um trabalho contínuo e de longo prazo.

É comum uma agência atender ininterruptamente por mais de 10 anos um cliente, exatamente pelas características dos serviços e afinidade na construção da imagem e reputação.

O mais importante para uma agência de comunicação é manter clientes, isto é, conquistá-los todos os dias. A perda de um deles deixa sequelas financeiras e na estrutura.

O segredo básico são as visitas periódicas, programadas ou inesperadas. Valem até aquelas visitas informais, para uma aproximação pessoal. É no dia a dia que a agência constrói a sua relação de confiança e lealdade, não permitindo que o cliente se sinta "mais um".

Na proximidade e no relacionamento contínuo, descobrem-se as verdadeiras necessidades do cliente, credenciando a agência a participar das decisões estratégicas e propor ações inovadoras de comunicação.

Isto dá à agência uma atitude proativa e ascendência sobre o cliente, com a criação e a oferta de novos serviços ou customização dos já prestados.

Aliás, uma das formas mais inteligentes e produtivas é crescer dentro do cliente, melhorando a rentabilidade da agência e criando uma relação de longo prazo.

Em vez de um, presta-se vários serviços. Isto se torna econômico para o cliente que concentra a sua verba de comunicação, evitando a gestão de vários fornecedores.

Também é vantajoso para a agência, pois aumenta a produtividade. Por exemplo, ao se colher informações sobre o lançamento de um produto, as imagens e os textos (tratados de forma diferenciada) podem ser utilizados na assessoria de imprensa, no conteúdo do site, newletter, publicações externas e internas.

Muitas ações ajudam a manter clientes. Mas fazer o inesperado, superando as suas expectativas, gera fidelidade e um forte vínculo.

Assim, mesmo no rompimento do contrato, se o cliente foi bem atendido, pode continuar como uma referência. Relembrando: o ex-cliente é o melhor indicador de novos negócios.

Rentáveis e deficitários

Para configurar a carteira de clientes pode-se basear no teorema do economista italiano Vilfredo Pareto, que em 1897 fez um estudo sobre a distribuição de renda: 80-20. No caso da receita de clientes: 80% do faturamento vêm de 20% dos clientes.

A maioria das agências tem clientes com perfis diferentes e muitas delas não lidam corretamente com essa diferença. Tratam todos da mesma forma. Os clientes são diferentes, mas todos querem atenção especial.

Alguns contratam vários serviços, outros apenas um ou dois. Há aqueles que dão alta rentabilidade e os que demandam muito tempo e baixo retorno financeiro.

A solução é segmentar. Além de melhorar o atendimento, uma boa segmentação permite distribuir melhor os esforços, diminuindo os custos.

Segmentar é juntar os clientes "parecidos" em diferentes grupos e, a partir daí, tratar cada grupo de forma mais personalizada.

A segmentação pode ser feita por faturamento, mas também por outros parâmetros.

Recomenda-se fazer um gráfico por faturamento de cliente ou serviço. É fácil. Basta inserir os valores em uma tabela e a planilha eletrônica gera o gráfico automaticamente. Isto permite visualizar grupos de clientes: A, B e C. Percebe-se, então, qual grupo de cliente ou serviço é mais rentável.

Facilita na hora de dispor tempo e esforço para este ou aquele cliente. Pois é um erro concentrar atividades equivalentes para todos os clientes. Os mais lucrativos exigem atenção especial.

Recomenda-se que 80% do faturamento venha de médios e pequenos e 20% de grandes clientes. Assim, se a agência perder um cliente, mesmo de grande porte, continuará suas atividades sem grandes consequências.

Relações e promessas

Uma deficiência da maioria das agências é o pouco conhecimento das atividades e estratégias do cliente. É preciso aprofundar-se e conhecer o cliente tão bem, ou melhor, que ele próprio.

Isto permite acompanhar e interferir nas discussões estratégicas e nas decisões da organização, por mais que sejam confidenciais e sensíveis.

Esta intimidade ajuda a pensar e atuar de forma estratégica e pró-ativa nas relações da organização com seus públicos. Assim, o cliente percebe e valoriza a atuação da agência. Isto potencializa o trabalho, agrega valor e faz a diferença.

Outra dificuldade na relação é o cliente achar que a agência faz milagre. Comunicação é um processo contínuo e requer tempo, não se faz da noite para o dia. A agência até faz um milagre ou outro, mas o tempo todo nem São Francisco de Sales faz.

A primeira regra é não prometer "mundos e fundos" daquilo que não se pode cumprir. Isto é picaretagem! Compromete a seriedade do serviço, da agência e do mercado.

Gestão empresarial

A maioria das pessoas
não planeja fracassar,
fracassa por não planejar.
John L. Beckley

Aos poucos os sócios percebem a importância da gestão de suas agências como empresas, que visam o lucro. Afinal a lucratividade é o objetivo primordial de uma organização empresarial.

Para isso, é preciso indicar as condições de rentabilidade de cada contrato. Conhecidos os custos fixos e variáveis, deve-se aplicar um percentual de lucro, conhecido com margem de lucratividade, considerando os investimentos.

Para estabelecer parâmetros sobre a margem de lucro, precisa conhecer os fatores que norteiam esse quesito. Cada contrato ou serviço demanda custos diferentes, portanto rentabilidade diversa.

O lucro é resultado do desempenho competitivo da agência e não uma apropriação indébita obtida pela prática de preços exorbitantes contra seus clientes.

Enfim, o princípio básico para manter uma empresa ativa é ter recebimentos que superem os pagamentos, ou seja, ter caixa suficiente para saldar os vários compromissos assumidos e promover a lucratividade.

Para não haver surpresa com a falta de recursos, bem como ter informações para a tomada de decisões (operacionais, táticas e estratégicas), aconselha-se manter algumas ferramentas financeiras, gerenciais e contábeis.

Por isso, é importante que estas informações estejam estruturadas para que o administrador possa decidir de forma consistente e concretize as metas previamente estabelecidas.

Quanto cobrar

Uma boa proposta agrega valor aos serviços e estabelece parâmetros para que o futuro cliente avalie a relação entre custo e benefício.

Portanto, somente depois que o *prospect* conhecer a proposta, deve-se apresentar o preço, em página separada. A sugestão é levar três folhas distintas com preços diferentes, uma com o valor ideal e outras com os preços mínimo e máximo.

Dependendo do clima e receptividade da proposta, apresenta-se o orçamento mais conveniente. Mas para chegar a estes valores decorre de uma apurada análise. Afinal, uma das principais dúvidas dos empreendedores na comunicação organizacional é a formação de preços.

Ao contrário do que ocorre com a propaganda, as agências de comunicação não são amparadas por uma legislação específica (no caso, a Lei nº 12.232/2010, da propaganda) de relação com clientes e fornecedores.

Embora, pela prática do mercado, as agências de comunicação podem receber comissões sobre a produção (gráfica e outros serviços), não são contempladas pela comissão de veiculação de anúncios na mídia.

O meio publicitário conta com tabelas de preços de serviços, oferecidas por sindicatos e outras entidades. Os sindicatos de jornalistas também tentam estabelecer valores mínimos e de referência por serviços de comunicação, notadamente assessoria de imprensa e edição de publicações corporativas.

Essas tabelas são referências, parâmetros de preços e raramente uma prática de mercado. Aliás, elas indicam a remuneração do esforço e não do resultado. Além disso, criar um preço único configura-se em cartel e corporativismo, práticas inaceitáveis em um mercado de livre concorrência.

As formas de remuneração mais praticadas no mercado pelas agências de comunicação são: valor fixo mensal por serviço (*fee*) e por trabalho (*job*).

Por exemplo, um contrato de assessoria de imprensa geralmente tem prazo indeterminado ou de um a cinco anos, com reajuste anual negociado e pagamento de um valor mensal.

Já no caso de um evento, a remuneração ocorre pelo trabalho completo, normalmente com um percentual de antecipação e liquidação do restante após a realização do trabalho.

Nesse serviço, além dos honorários pagos pelo promotor do evento, a agência pode negociar uma comissão (em geral até 15%) dos fornecedores.

Embora complexo e pouco usual, alguns trabalhos são remunerados por horas trabalhadas. O valor é calculado pela média salarial dos profissionais envolvidos no trabalho.

O *fee* é acordado previamente entre a agência e o cliente, definindo-se quais são as atividades e o período do serviço.

As despesas de viagens e materiais extras devem ser cobradas à parte. Isto evita inflacionar o valor do serviço da agência.

Mas afinal, quais são os parâmetros para determinar o preço por um determinado serviço? "O que importa é o valor, não o preço", ensina Robert Lindgren.

Existem várias estratégias de preços, a maioria aplicada a produtos, o que nem sempre dá certo em serviços.

Por exemplo: cobrar mais caro no início e baratear ao longo do tempo (estratégia de curto prazo, chamada de *skimming* ou desnatação) ou preço barato no começo e encarecimento depois (estratégia de longo prazo, denominada de penetração).

Estas estratégias são perigosas, pois denotam falta de parâmetros e coerência com a qualidade dos serviços e sua relação com os benefícios. Aliás, cobrar barato para conquistar clientes é uma péssima estratégia, pois não se consegue recuperar o valor desejado ao longo do tempo.

Algumas agências com perfil de estratégia de desenvolvimento adotam valores de "prestígio": preço e qualidade *premium* o tempo todo.

Outras optam pelo *markup*: cálculo dos custos fixos e variáveis para prestar aquele serviço e acréscimo de um percentual (estratégia de crescimento). Poucas agências partem da demanda: quanto o cliente está disposto a pagar (estratégia de manutenção).

Certamente, a mais perigosa é a tática "boi de piranha" (estratégia de sobrevivência). Normalmente esta tática tende a ser predatória para o mercado, onde todos perdem.

Portanto, a política comercial está associada ao posicionamento estratégico do negócio e outros fatores.

Depende dos preços praticados na região. Os custos dos serviços em uma grande cidade diferem de uma menor (aluguel, tempo no trânsito, salários).

Os concorrentes também influenciam. O líder geralmente pratica valores maiores, por ser um prestador desejado, enquanto os desafiantes e seguidores apresentam preços menores.

De acordo com as características e peculiaridades do cliente, volume de serviços, exclusividade e responsabilidade técnica, pode-se compor os preços.

Até o tipo de cliente tem influência:

O poupador quer maximizar o valor do serviço.

O cliente personalizado busca exclusividade e está disposto a pagar mais.

O cliente estrela dá status *para a agência e atrai novos negócios.*

Deve-se ter cuidado com a variação de preço em serviços de comunicação. Quando se pratica sistematicamente preços baixos, dificilmente a agência consegue reverter e crescer.

Normalmente, os clientes estão dispostos a pagar até 20% a mais. Se extrapolar este percentual, eles buscam outros parâmetros, pesquisando serviços idênticos em agências de menor porte.

A maioria das organizações prefere as agências nos estágios manutenção, crescimento e desenvolvimento, sob o pressuposto de melhores resultados. Afinal, um serviço por 2 mil reais pode dar um resultado infinitamente menor daquele por 10 mil reais (custo x benefício).

De todos esses fatores, o que mais impacta é o preço praticado pela concorrência, pois muitos clientes tomam esses valores como referência de mercado. Repetindo: preços muito baixos são predatórios e todos perdem.

Informações gerenciais

As informações gerenciais são estruturadas para comparar o que foi previsto no orçamento com o realizado em cada exercício (mensal, semestral, anual), apontando um percentual desta relação (maior ou menor que a previsão).

Essas informações servem para racionalizar despesas, apontar a necessidade de novos serviços e mercados, controlar os prazos e rotações de valores, buscar financiamentos, verificar a necessidade de capital de giro, otimizar os sistemas administrativo, contábil e orçamentário.

Enfim, facilita a visão do negócio, permitindo uma análise dos fluxos passados e as previsões. Ou seja, oferece uma sustentação administrativa para otimizar os resultados esperados.

Fluxo de caixa

O fluxo de caixa é de fácil entendimento e auxilia na tomada de decisões econômicas. Ele relaciona as entradas (recebimentos) e as saídas (desembolsos) de dinheiro em determinado período (diário, semanal, quinzenal, mensal).

A partir de seu prognóstico, o administrador pode tomar decisões relacionadas às negociações com fornecedores e outros credores para alongar os prazos de pagamento, bem como àquelas referentes aos valores a receber.

Orçamento anual, mês a mês

O orçamento anual, com previsões de despesas e receitas de cada mês, deve ser estruturado em uma planilha. Parece algo burocrático, mas um orçamento consistente é a base da gestão empresarial.

Se até as pessoas físicas e as famílias adotam os orçamentos pessoal ou doméstico como forma de planejar os gastos, considerando a renda disponível, para controlar o dinheiro e economizar, imagine uma pessoa jurídica, por menor que seja.

Na empresa aconselha-se criar um plano de contas, dando a cada item um código. Isso facilita criar grupos de contas, divididos em custos fixos, custos variáveis, receita bruta e investimentos.

O orçamento parte do histórico do passado, considerando as possíveis mudanças futuras. Portanto, trata-se de previsões. Mas não significa “chutar” de informações. Ninguém tem bola de cristal. É preciso pesquisar para indicar dados consistentes.

Feito o orçamento, pode-se estabelecer as metas e objetivos, no mínimo para um ano. Dentro de uma gestão moderna, a equipe de profissionais deve conhecer as previsões e acompanhar mensalmente os resultados, criando um comprometimento com o desempenho da empresa.

Essa transparência facilita, inclusive, a implementação de programas de distribuição de resultados e lucros para os profissionais da agência.

Balanço patrimonial

O balanço é uma demonstração contábil e econômica de uma organização, representando uma posição estática, ou seja, a situação do patrimônio em determinada data, geralmente no dia 31 de dezembro de cada ano.

De forma estruturada, mostra os ativos (bens e direitos) e passivos (obrigações) e o patrimônio líquido, que é resultante da diferença entre o total de ativos e passivos, bem como a demonstração dos resultados (receita e despesas).

Anualmente, até o mês de abril, o contabilista deve apresentar o balanço patrimonial e a demonstração de resultado do ano anterior, para subsidiar a declaração do Imposto de Renda da Pessoa Jurídica (IRPJ).

A escrita contábil não tem somente a finalidade de cumprir as formalidades fiscais, mas também de dispor de informações para análise e tomada de decisões.

O empresário deve solicitar que o contabilista esclareça as dúvidas sobre cada conta do balanço e oriente sobre os seus impactos no desempenho da agência.

Gestão de talentos

O sucesso ou fracasso de uma agência está diretamente relacionado à gestão de recursos humanos, a sua equipe de profissionais.

Afinal, notadamente em uma empresa de serviços, são as pessoas que influenciam diretamente os custos, a receita, a lucratividade e os investimentos.

Portanto, não se concebe uma agência que não envolva toda a equipe na elaboração do planejamento e acompanhamento dos resultados. A participação efetiva gera comprometimento.

Essa filosofia possibilita uma gestão por resultado, onde a equipe se envolve nos objetivos, sendo cobrada e reconhecida pelo atingimento ou não de metas.

Assim, além de um programa de participação nos lucros, a agência pode adotar a remuneração por mérito, pagamento de bônus, participação societária, flexibilidade de horários de trabalho, plano de carreira etc.

Algumas agências tentam, sem sucesso, implantar um sistema de gerenciamento de horas (*time-sheet*). Além de complexo, medir o valor hora é uma tarefa inglória (*time-shit*).

Primeiro, porque o cliente não compra esforço, tampouco horas trabalhadas. Ele contrata resultado, avaliando a relação entre custo e benefício.

Segundo, cada cliente ou serviço exige uma demanda de produtividade diferenciada e inconstante, que não envolve apenas o operacional, mas também o planejamento, os retrabalhos, a improdutividade, imprevistos etc.

Terceiro, trata-se de uma ferramenta de fiscalização e pressão, que pode limitar a criatividade e a iniciativa, tornando as tarefas mecanistas, em vez de holísticas, sistêmicas, integradas e estratégicas.

Se há uma vantagem, está nos parâmetros para medir a rentabilidade de um projeto ou contrato e na distribuição do trabalho, embora a cronometragem de uma operação remeta aos primórdios da produção em série e os índices de eficiência preconizados por Henry Ford e Frederick Taylor.

Talvez uma agência esteja mais afinada com os princípios de Henri Fayol, notadamente no que diz respeito à equidade, iniciativa, espírito de equipe e estabilidade.

A estabilidade está diretamente ligada à atração e retenção de talentos, pois "orçamento se ajusta, mas gente é que faz o nosso negócio", sentencia Kiki Moretti, presidente da In Press (Mega Brasil, 2012).

Tanto as áreas de comunicação das organizações quanto as agências têm dificuldades de encontrar no mercado um profissional com uma visão holística e estratégica da comunicação.

O mercado forma essencialmente profissionais com competências operacionais, exigindo que as próprias agências capacite a sua equipe.

Os salários, benefícios e o ambiente de trabalho de uma agência média ou grande superam o que as organizações de mídia oferecem.

Isso tem atraído estagiários e recém-formados de jornalismo, diretamente para a comunicação das organizações e agências.

Mas, "o mercado passou a exigir habilidades que, a rigor, não fazem parte da formação curricular tradicional dos cursos de graduação na área de Comunicação Social, principalmente de jornalismo" (Schaun e Rizzo, 2009).

Foi-se o tempo que os profissionais de relações públicas ocupavam cargos e funções na comunicação interna e eventos, e os jornalistas, em assessoria de imprensa e publicações, exercendo funções operacionais.

A comunicação não é mais apenas jornalismo, relações públicas, propaganda e publicidade, mas algo sistêmico e complexo, não no sentido de "complicado", mas do tecido "de acontecimentos, ações, interações, retroações, determinações, acasos" (Morin, 2007, p.13).

O desafio é capacitar esses jovens para enfrentar um mercado em transformação, onde predominam a fluência dos relacionamentos e a fartura de informações. Enfim, alguém capaz de converter o ato de informar, em comunicação convergente para manter diálogos relevantes com os públicos.

Considerações finais

O mercado de agências de comunicação corporativa cresce em ritmo acelerado em receita, postos de trabalho e número de agências. Desde 2000 vem apresentando um crescimento médio acima de 20% ao ano, nestes quesitos.

O mercado vive um processo evolutivo, tanto profissional, quanto na capacitação para novos serviços, nos conceitos e práticas, na gestão e representação política.

Avista-se um horizonte de oportunidades e um campo fértil para o crescimento, pois as empresas vivem uma era de diálogo, transparência, pluralidade de opiniões, de interação e de múltiplos canais de comunicação, colocando a comunicação no centro da tomada de decisões.

Também os órgãos públicos passaram a adotar as ferramentas da comunicação como parte fundamental de suas estratégias.

Abre-se ainda novas fronteiras, principalmente com a promulgação da Lei nº 12.232/2010, que deu um passo decisivo para licitar serviços de comunicação separados das agências de propaganda.

Embora sejam raras essas licitações e restritas às grandes agências, mas há espaço para que as organizações públicas, em todas as esferas, contratem diretamente qualquer agência de comunicação.

Pouco a pouco as agências estão aprimorando a gestão empresarial. Mas não basta vencer a burocracia fiscal e legal nem tão somente adotar sistemas de controles.

Ainda nota-se uma falta de método e conhecimento para a formulação de preço. Normalmente pratica-se preços baixos e inconsistentes. Aliás, em vez de preço, deve-se estipular "valor", pois as organizações avaliam os resultados, na perspectiva da relação entre custo e benefício.

Dão mais importância ao faturamento bruto do que à lucratividade. É comum desconhecerem a rentabilidade de cada contrato. Aliás, muitas consideram o lucro como algo imoral e não o resultado da produtividade e desempenho empresarial.

Igualmente, nota-se que poucas agências fazem o planejamento financeiro, um orçamento anual consistentes, com sistema de informações gerenciais (comparativo entre o orçado e o realizado).

A gestão empresarial contribui para a prática de preços justos, planejamento consistente, orçamento anual com a previsão de receitas e despesas mensais, gestão dos recursos humanos e, consequentemente, excelência nos serviços.

Apesar de alguns percalços, está ocorrendo uma evolução natural, caminhando para a maturidade empresarial, prevalecendo a competitividade e a profissionalização, assim como sucede em qualquer segmento empresarial.

Há uma tendência de consolidação do mercado de agências, na perspectiva da gestão da comunicação, adoção de melhores práticas, ampliação dos serviços nas redes sociais digitais e a crescente profissionalização.

Referências

ABA-ESPM. *Mapeamento da área de comunicação corporativa*. São Paulo, 2006. Pesquisa.

ABERJE. *Estudo sobre o mercado fornecedor de comunicação*. São Paulo, 2012. Pesquisa.

ABRACOM. *Associação Brasileira de Agências de Comunicação*. Disponível em: <abracom.org.br>. Acesso em: 6 set. 2012.

BUENO, Wilson da Costa. *Comunicação empresarial: políticas e estratégias*. São Paulo: Saraiva, 2009.

CADINA, Pedro. *Como escolher uma agência de comunicação*. São Paulo: Abracom, 2007.

CHAPARRO, Manuel Carlos. *Cem anos de assessoria de imprensa*. In: DUARTE, Jorge (Org.). Assessoria de imprensa e relacionamento com a mídia: teoria e técnica. 4. ed. São Paulo: Atlas, 2011. p. 3-21.

COMUNIQUE-SE. *As assessorias de comunicação na visão dos jornalistas*. São Paulo, 2006. Pesquisa.

DATABERJE. *Comunicação corporativa nas organizações.* São Paulo, 2008.

DRUCKER, Peter. *Inovação e espírito empreendedor*. São Paulo: Thomson Pioneira, 2001.

GEM. *Global Entrepreneurship Monitor*. Global report, 2011. Disponível em: <gemconsortium.org>. Acesso em: 27 jul. 2012.

JULIEN, Pierre-Andre. *L'entrepeneurship, L'entrepreneur et la théorie économique*. Groupe de recherche en économie et gestion des PME. Quebec, Canadá, 1986.

KUNSCH, Margarida Krohling. *Gestão estratégica em comunicação organizacional e relações públicas*. São Caetano do Sul, SP: Difusão, 2008.

MEGA BRASIL. *Anuário Brasileiro das Agências de Comunicação 2012*. São Paulo, 2012.

MEGA BRASIL. *Anuário Brasileiro das Agências de Comunicação 2013*. São Paulo, 2013.

MICK, Jacques (Coord.); LIMA, Samuel. *Perfil do jornalista brasileiro*: características demográficas, políticas e do trabalho jornalístico em 2012. Florianópolis: Insular, 2013.

MORIN, Edgar. *Introdução ao pensamento complexo*. Porto Alegre: Sulina, 2007.

NASSAR, Paulo. *Relações públicas na construção da responsabilidade histórica e no resgate da memória institucional das organizações*. 2. ed. São Caetano do Sul, SP: Difusão, 2008.

RAINHO, João Marcos. *Jornalismo freelance: empreendedorismo na comunicação*. São Paulo: Summus, 2008.

SANT'ANNA. Francisco. *Mídia das fontes: um novo ator no cenário jornalístico brasileiro*. Brasília: Senado Federal, 2009.

SCHAUN, Angela; RIZZO, Esmeralda. *Agências de comunicação: teoria e prática*. São Paulo: Expressão e Arte, 2009.

SCHMITZ, Aldo Antonio. *Fontes de notícias: ações e estratégias das fontes no jornalismo*. Florianópolis: Combook, 2011.

SEBRAE. *Taxa de sobrevivência das empresas no Brasil*, 2011. Disponível em: <sebrae.com.br>. Acesso em: 11 dez. 2011.

SEBRAE-SP. *Estudo da mortalidade das empresas paulistas*, 2010. Disponível em: <sebraesp.com.br>. Acesso em: 11 dez. 2011.

SINCO. *Sindicato Nacional das Empresas de Comunicação Social*. Disponível em: <sinco.org.br>. Acesso em: 31 jan. 2012.

TIMMONS, Jeffrey; SPINELLI, Stephen. *New venture creation: entrepreneurship for the 21st century*. Columbus, Ohio: McGraw-Hill/Irwin, 2001.

TORQUATO, Gaudêncio. *Tratado de comunicação organizacional e política*. São Paulo: Cengage, 2010.

THE HOLMES REPORT. *The Global 250 agency ranking*, 2012. Disponível em: <globalpragencies.com/top-250>. Acesso em: 23 jul. 2012.

TROUT, Jack; RIVKIN, Steve. *O novo posicionamento*. São Paulo: Makron, 1996.

Plano de negócio

Os planejamentos econômico e financeiro servem para fazer a prova dos noves do negócio. Reúnem as previsões dos investimentos iniciais ou futuros, despesas fixas e variáveis, receita dos serviços prestados.

O objetivo financeiro de qualquer empresa é gerar lucro, e a questão econômica tem influência direta sobre o desenvolvimento de uma agência de comunicação.

A administração é um processo contínuo. Os sistemas internos e o ambiente são dinâmicos e propõem desafios constantes.

De nada adianta a agência elaborar um plano detalhado e deixar na gaveta. Nem tampouco mobilizar recursos sem avaliar a sua aplicação. É preciso fazer ajustes, porque todo plano traz previsões.

Geralmente, na administração de uma agência, depara-se com nomenclaturas, cálculos, viabilidades, leis e impostos que não compõem o universo dos profissionais de comunicação. Por isso, é inevitável a assessoria de um escritório contábil.

Impostos

O maior sócio de uma empresa é o governo, pela pesada carga tributária brasileira. Os impostos, taxas e contribuições estão em todos os níveis.

Impostos municipais

Os municípios cobram o Imposto Sobre Serviços (ISS), que varia conforme a cidade, de 2% a 5% sobre o faturamento bruto mensal, além do alvará de funcionamento (anual), Imposto Predial e Territorial Urbano (IPTU), alvará sanitário (em alguns casos) e taxa de lixo.

Impostos estaduais

Empresas de comunicação que não comercializam produtos não pagam o Imposto sobre Circulação de Mercadorias e Serviços (ICMS).

Impostos federais

Nos impostos federais, a empresa pode optar por dois regimes tributários: lucro presumido ou lucro real. A maioria das agências opta pelo lucro presumido, pois a contabilidade é simplificada e os sócios são isentos de imposto de renda de pessoa física referente aos rendimentos na empresa.

a) Pelo lucro presumido, percentual sobre a receita mensal bruta:

PIS: 0,65% (pagamento até o dia 20).

Cofins: 3% (dia 20).

Contribuição Social: 1,08% (serviços de profissões regulamentadas).

Imposto de Renda da Pessoa Jurídica (IRPJ): 4,8% (percentual prático sobre a receita), sendo 1,5% recolhido pelo cliente.

Apurados mensalmente, o recolhimento do IRPJ e da Contribuição Social podem ser pagos trimestralmente, com vencimento no último dia útil do trimestre.

b) Pelo lucro real:

PIS (1,65%) e Cofins (7,6%) sobre a diferença entre faturamento e compra de materiais aplicados nos serviços (recolhimento no dia 20 de cada mês).

Contribuição social (9%) e Imposto de Renda (15%) sobre o lucro da empresa (recolhimento até o último dia útil do *trimestre)*.

No caso do lucro real, os sócios recolhem impostos na pessoa física referentes aos rendimentos na empresa.

Previdência social

Tanto no lucro presumido como no real, incide o INSS sobre a folha de pagamento: 11% do empregador e de 8% a 11% do empregado (conforme a faixa salarial), com recolhimento no dia 15 de cada mês.

O socioadministrador é obrigado a contribuir para o INSS, tendo como valor-base um salário mínimo (pró-labore): 11%. Os demais sócios também podem contribuir, sobre qualquer valor.

Contribuição sindical

Taxa anual de contribuição sindical do empregador, recolhida até o último dia útil de janeiro, conforme o capital social da empresa, com uma contribuição mínima de R$ 152,84 (até 19,1 mil reais de capital), em 2012 , pela tabela do Sindicato Nacional das Empresas de Comunicação Social (Sinco, 2012). A partir deste capital, as alíquotas são de 0,8% a 0,02%.

Plano financeiro

A gestão financeira exige um levantamento minucioso de investimentos, previsões de custos, receitas e recursos. Esse plano serve para testar a viabilidade econômica do negócio, obter recursos externos (aumento de capital, empréstimos, financiamento).

Conhecer a estrutura de custos é essencial para estimar os impactos nos preços dos serviços e planejar o crescimento.

Investimentos

Para começar a operar ou crescer, uma agência necessita de uma infraestrutura física como móveis, materiais e equipamentos, além de capital de giro e provisões para imprevistos (cerca de um mês de faturamento), o que demanda investimentos fixos, financeiros e pré-operacionais.

O capital social são todos os recursos (dinheiro, equipamentos, máquinas) colocados pelos proprietários na criação e manutenção do negócio.

Para a agência que já está operando, consideram-se os investimentos a serem realizados em um período, normalmente anual.

Despesas fixas

As despesas fixas independem de faturamento ou receitas. São necessárias para que a agência tenha uma base mínima de apoio administrativo, para tornar o negócio viável. Enfim, são aquelas despesas que, cujas contas vencem, tendo ou não receita.

Pró-labore não é salário. O "salário" do empresário sai do lucro, em antecipações de retiradas mensais. Normalmente o pró-labore é pago somente ao socioadministrador no valor de um salário mínimo, de onde é calculado o recolhimento do INSS.

Salários e encargos do pessoal administrativo correspondem à folha de pagamento de recepcionista, secretária, auxiliar administrativo e empregados de serviços gerais (limpeza, motorista). Os encargos referem-se aos recolhimentos do INSS e Fundo de Garantia por Tempo de Serviço (FGTS), além de adicional de férias, 13° salário e benefícios sociais (previdência privada, vale transporte, alimentação).

Despesas variáveis

São gastos que aumentam ou diminuem conforme os serviços prestados, ou seja, só haverá despesa se for prestado o serviço. Uma dica: repassar as despesas com viagens, clipping, de mailing para o cliente.

Os encargos sobre a folha de pagamento correspondem ao INSS (11%), FGTS (8%), adicional de férias (2,7% mês), 13º salário (8,3% mês) e benefícios sociais (previdência privada, vale transporte, alimentação). Podem representar de 45% a mais de 100% do salário nominal.

Sobre a receita operacional são apuradas as despesas de comercialização. Entre elas, os impostos, no caso de lucro presumido: Cofins (3%), contribuição social (1,08%, no lucro presumido), PIS (0,65%), imposto de renda (4,8%, no lucro presumido), ISS (2% a 5%, conforme o município). Também entram neste cálculo as despesas com comissões.

Podem ocorrer outros gastos que variam conforme o serviço que se presta: clipping, mailing de jornalistas etc.

Receita operacional

A receita operacional corresponde ao valor bruto dos serviços prestados no período. Pode-se indicar por cliente e ou serviço.

Demonstração de resultado

Indica os resultados projetados: lucratividade, total das despesas, margem de contribuição e ponto de equilíbrio.

a) Lucro líquido

Considerando-se o total das despesas e a previsão de receita, podem-se apurar a lucratividade mensal e anual. Além de remunerar os sócios, deve-se destinar uma parte do lucro para investimentos, capital de giro e a participação dos funcionários nos resultados.

Lucro = Receita – Total das despesas (fixas + variáveis)

b) Margem de contribuição (MC)

Representa o ganho bruto sobre as receitas, isto é, quanto sobra para pagar as despesas fixas e gerar o lucro. Com este resultado se pode calcular o ponto de equilíbrio.

MC = Receita – Custos variáveis

c) Ponto de equilíbrio (PE)

Corresponde ao índice do valor projetado da receita, apontando o ponto da viabilidade econômica, isto é, a partir de qual faturamento a empresa apresenta lucro ou prejuízo. Para chegar-se ao resultado, dividem-se as despesas fixas pela equação: margem de contribuição dividida pela receita.

PE = Despesas fixas/(margem de contribuição/receita anual)

d) Retorno dos investimentos (RI)

O resultado da atividade está relacionado ao capital aplicado, ou seja, em quanto tempo serão recuperados os investimentos e a taxa de retorno mensal.

Taxa mensal = Lucro líquido mensal/Investimento x (100)

Prazo = Investimento/Lucro líquido mensal (resultado meses)

Roteiro do plano de negócio

Dados da agência

Nome:

Razão social:

Sócios:

Atributos e elementos da marca (cor, tipologia, símbolo):

Serviços

Concorrentes

Fornecedores

Ameaças (ambiente externo à agência)

Oportunidades (ambiente externo à agência)

Pontos fortes (agência)

Pontos fracos (agência)

Missão

Visão

Valores

Posicionamento

Políticas

Investimentos fixos iniciais

Itens	Qt.	Unit. R$	Total R$
Microcomputador			
Impressora			
Periféricos (modem, monitor)			
Software			
Escrivaninha, estação de trabalho			
Mesa de reunião			
Cadeira			
Armário			
Sofá			

Materiais diversos			
Capital de giro e imprevistos			
Total			

Despesas fixas

Itens	Mês* R$	Ano R$
Aluguel		
Condomínio e taxas		
Pró-labore do socioadministrador		
INSS dos sócios		
Salários e encargos (pessoal administrativo)		
Conta de telefone		
Contas de celulares		
Provedor de acesso à internet		
Hospedagem do site		
Água e energia elétrica		
Honorários do contabilista		
Manutenções		
Seguros		
Materiais de limpeza		
Taxas (contribuição sindical, IPTU, alvará)		
Outras despesas		
Total		

**Média mensal*

Despesas variáveis – salários e encargos

Itens	Mês* R$	Ano R$
Jornalista		
Relações públicas		
Fotógrafo		
Designer gráfico		
Total		

**Média mensal*

Despesas variáveis – impostos e comercialização

Itens	Mês* R$	Ano R$
Cofins (3%)		
Contribuição social (1,08%**)		
PIS (0,65%)		
Imposto de renda (4,8%**)		
ISS (2% a 5%, conforme município)		
Comissões		
Total		

**Média mensal - **Percentual prático sobre a receita (lucro presumido)*

Outras despesas variáveis

Itens	Mês* R$	Ano R$
Clipping		
Mailing de imprensa		

Total		

Receita operacional

Clientes ou serviços	Mês* R$	Ano R$
Total		

Lucro líquido

Mensal:
Anual:

Lucro = Receita – Total das despesas (fixas + variáveis)

Margem de contribuição anual (MC)

MC = Receita – Custos variáveis

Ponto de equilíbrio (PE)

PE = Despesas fixas / (MC / Receita anual)

Retorno do investimento (RI)

Taxa mensal:
Prazo do retorno:

Taxa mensal = Lucro líquido mensal / Investimentos iniciais x (100)
Prazo = Investimentos iniciais / lucro líquido mensal (resultado em meses)

Demonstração anual de resultados

Itens	Valor R$	%
Receita operacional		100%
Despesas fixas		
Despesas variáveis		
Total das despesas		
Lucro líquido		
Ponto de equilíbrio		

AUTOR

Aldo Schmitz é jornalista, com doutorado e mestrado em jornalismo (UFSC). Tem pós-graduação em gestão da comunicação e educação a distância. É autor dos livros *Fontes de notícias, Mídia training, Jornalista a serviço das fontes, Manual de Jornalismo e Manual de comunicação organizacional (org.).*

- aldoschmitz@gmail.com – (48) 99164-2497
- LinkedIn: http://linkedin.com/in/aldoschmitz
- Currículo Lattes: http://lattes.cnpq.br/3279938336818732

www.ingramcontent.com/pod-product-compliance
Lightning Source LLC
LaVergne TN
LVHW052046160826
845678LV00015B/3125

9788590984115